银龄时代——中国老龄社会研究系列丛书

杜 鹏 主编

我国老年人的自评幸福度

李 强 / 著

中国人口出版社
China Population Publishing House
全国百佳出版单位

图书在版编目(CIP)数据

我国老年人的自评幸福度 / 李强著. -- 北京 : 中国人口出版社, 2019. 11

(银龄时代 : 中国老龄社会研究系列丛书 / 杜鹏主编)

国家出版基金项目

ISBN 978-7-5101-6799-7

Ⅰ. ①我… Ⅱ. ①李… Ⅲ. ①老年人-幸福-指数体系-研究-中国 Ⅳ. ①D669.6

中国版本图书馆 CIP 数据核字(2019)第 250733 号

我国老年人的自评幸福度

WOGUO LAONIANREN DE ZIPING XINGFUDU

李 强 著

责任编辑	何 军 刘 姝
装帧设计	刘海刚
责任印制	林 鑫 单爱军
出版发行	中国人口出版社
印 刷	北京柏力行彩印有限公司
开 本	787 毫米×1092 毫米 1/16
印 张	11.25
字 数	150 千字
版 次	2019 年 11 月第 1 版
印 次	2021 年 1 月第 2 次印刷
书 号	ISBN 978-7-5101-6799-7
定 价	68.00 元

网 址	www.rkcbs.com.cn
电子信箱	rkcbs@126.com
总编室电话	(010)83519392
发行部电话	(010)83510481
传 真	(010)83538190
地 址	北京市西城区广安门南街 80 号中加大厦
邮政编码	100054

前　　言

伴随着生育率和死亡率的下降，我国自20世纪70年代后开始经历快速的人口老龄化，目前已经进入人口老龄化和老年人口高龄化加速发展的阶段。1982年，65岁及以上的老年人口占总人口的比重为4.91%，到2000年已经增长为6.81%，不到20年的时间增长了近2%。而大部分发达国家从5%增长为7%则经历了50～80年的时间。2010年我国第六次人口普查（以下简称"六普"）数据显示，65岁及以上人口占8.87%，比2000年人口普查时上升2.06个百分点。2015年全国1%人口抽样调查数据显示，中国60岁及以上和80岁及以上的人口数量分别为2.12亿人、2 339万人，老年人口首次超过少儿人口。据预测，2050年65岁及以上人口比重将攀升至26.3%，规模将达到3.5亿人，80岁及以上老人占全体老年人的比重将上升至31%，规模将超过1亿人（United Nations，2017）。

在老年人口规模不断增长的同时，老年人的预期寿命也在不断延长。1982年，60岁男性老年人的预期寿命为15.8岁，女性为18.56岁，到2010年，分别增长为20.17岁和23.97岁。老年人活得越来越长了，他们是不是活得越来越健康，越来越幸福呢？这个关于老年人生命质量（Quality of

Life）的问题受到个人、家庭、社会和国家的共同关注。进入老年期之后，老年人会逐渐经历生理功能衰退，出现多种功能缺损、失智、虚弱，患有慢性病的风险也逐渐增加，部分老年人丧失基本的生活自理能力，继而消耗很多的医疗健康服务资源。据2015年医疗卫生调查数据，老年人医疗人均费用分别是少年儿童和劳动力人口的8.2倍、6.7倍。由于退出工作领域，老年人的社会角色发生了比较大的变化。有的老年人有更多的时间去享受生活、结识朋友、休闲娱乐，有的老年人却变得封闭和孤独。这些积极和消极因素同时作用于老年人的生活，影响着他们的生命质量。“健康老龄化”的理念在这样的情况下应运而生，《“十三五”健康老龄化规划》指出，老年人不仅要活得长，更要活得健康、活得幸福。

自评幸福度（Subjective Well - being，SWB）也称主观幸福感，是反映老年人生命质量的重要指标。自评幸福度不仅是个体成功老龄化和心理适应的重要指标，也是衡量社会对于老年人的政策和福利以及医疗卫生事业发展水平的重要指标。它是一个多维度的综合指标，以往研究中出现的生活满意度、情感、情绪、抑郁、快乐、幸福、孤独感等都属于自评幸福度的研究内容。近年来，有关老年人自评幸福度的研究日益增多，取得了许多非常有意义的研究成果。本书将在以往研究的基础上，对老年人自评幸福度的几个重要议题进行深入的分析研究。全书共分为四个部分，从不同的侧重点分析老年人的自评幸福度的状况、变化轨迹和影响因素。

第一部分分析了老年人自评幸福度的变化轨迹及影响因素。这部分侧重全面性的综合研究，对自评幸福度的概念，老年人的自评幸福度的状况、年龄效应、队列效应和影响因素进行了系统深入的分析。一些学者将自评幸福度定义为对自己生活的自我评价和与生活环境相联系的快乐或悲伤的情感。对生活的自我评价属于认知维度，如生活满意度；与生活环境相联系的快乐和悲伤是情感维度，如积极情感和消极情感。这个定义强调个体的主观经验，对生活的评价以及与生活环境相联系的情感都以自己的感受为标准。一方面,老年人受到生理功能衰退和社会角色丧失的影响,自评幸福度可能会下降;另一方面,老年人阅历丰富,心智成熟,更善于自我调整,从而保持心情愉悦,有较高的幸福感。同时,老年人也是一个高度选择性的群体,生活乐观、生活满意度高的老人更可能存活下来,所以我们看到的老年人整体的幸福感较高。除此之外,队列效应(或者是同期群效应)也会影响到老年人的自评幸福度的变化轨迹。

我们使用中国老年健康影响因素跟踪调查(Chinese Longitudinal Healthy Longevity Study, CLHLS)1998 年、2000 年、2002 年、2005 年、2008 年、2011 年和 2014 年的多重队列纵向跟踪数据,对反映老年人自评幸福度的三个指标——生活满意度、积极情感和消极情感的变化轨迹及其影响因素进行考察发现:我国老年人的自评幸福度总体较好,分离了队列效应后,随着年龄的增长,老年人的自评幸福度呈现"U"形曲线的变化轨迹,反映了自评幸福度和年龄的复杂关系。衰退效应、角色丧失效应、成熟效应、选择性效应和自我调适效应可能都在产生作用。在不同的老年阶段,有的效应的作用力大,自评幸福度更多地呈现该效应主导的变化轨迹。比如,在进入老年初期,随着生理功能的衰退,面对退休带来的社会角色和关系的改变,衰退效应和角色丧失效应等负向的影响作用增大,而年龄的成熟效应和自我调适效应等正向效应的作用相对减小,老年人的自评幸福度呈现下降的趋势;随着年龄的增长,老年人逐渐适应生理功能的衰退和社会角色的改变,成熟效应和自我调适效应增大,衰退效应和角色丧失效应相对减弱,老年人的自评幸福度保持平稳;随着年龄的进一步增长,生理功能的衰退愈加明显,衰退效应和角色丧失效应与成熟效应和自我调适效应不断彼此抵消,同时选择性效应逐渐增强,老年人的自评幸福度可能会依旧保持稳定,或者呈现非常缓慢的上升态势。

社会—人口特征、社会支持和健康状况都是显著影响老年人自评幸福度的因素。队列效应呈现"U"形曲线的态势,1915 年之前出生的老年人和

1936 年之后出生的老年人有较高的自评幸福度，而 1916 ~ 1935 年出生的老年人有较低的自评幸福度。女性老年人的积极情感和生活满意度高于男性老年人，积极情感的下降速度也慢于男性老年人，但是，女性老年人的消极情感高于男性，生活满意度和消极情感的下降速度与男性老年人没有差异。城市老年人的自评幸福度不仅高于农村老年人，下降的速度也显著低于农村老年人。社会经济地位较高的老年人有较高的自评幸福度。家庭支持与积极情感没有显著关系，但是能够显著降低消极情感和提升生活满意度。生活满意度与社会支持的关系更紧密，与生理功能的关系则相对较弱。健康状况与自评幸福度的关系并不完全是正相关，这可能反映了与健康状况相联系的社会支持和生活环境对自评幸福度的影响。生活自理能力较好的老年人有较低的消极情感，他们的积极情感与自理能力较差的老年人没有显著差异，但是他们有较低的生活满意度。生活自理能力较好的老年人可以照料自己，管理自己的生活，对家人和子女在生活照料和情感慰藉方面的需求低，没有强烈的越老越不中用的感觉，因而有较低的消极情感，但是也就缺乏由这种照料支持带来的心理满足感和快乐等，而且这类老年人对生活的要求可能也比较高，当现实难以达到期望的目标时，他们会对生活感到失望，因而可能倾向报告较低的生活满意度。视力较好的老年人的积极情感较高，但是消极情感也高。视力较差的老年人看到不利信息的风险较低，所谓“眼不见，心不烦”。而视力较好的老年人看到不利信息的可能性较高，这些不利信息的积累，可能会导致老年人消极情感的增加，但同时他们也会看到较多有利的信息，所以积极情感会高于视力较差的老年人。这反映了与视力相联系的生活环境对自评幸福度的影响。

本研究的发现有助于更深入和全面地认识我国老年人的自评幸福度。老年人的自评幸福度是一个复杂的、多维度的综合指标，提升老年人的幸福感是一个复杂的系统工程，不仅需要为老年人营造良好的生活环境，提供充足的经济资助和生活照护，还需要有针对性地开展情感方面的慰藉。

这不是个人和家庭能够单独完成的，需要社区、社会和国家的联动，形成合力，协调合作，共同努力。

第二部分分析了子女数量和质量对父母的自评幸福度的影响。这部分研究侧重从代际关系的角度研究老年人的自评幸福度。为了更清晰地揭示代际关系与老年人的自评幸福度的关系，我们还比较了子女数量、质量对中年父母和老年父母的自评幸福度的不同影响。子女数量和质量与父母的福祉的关系在生育决策和家庭经济学中的研究和讨论很多，但是它们对父母的生命质量的影响的讨论和研究比较少。

我国历来就有“多子多福”和“养儿防老”的观念，父母将幸福和养老保障寄托在子女身上。但是，随着我国社会经济的转型，家庭小型化和核心化成为家庭规模和结构发展的主要趋势，代际关系也发生了巨大的变化。扩展的亲属关系纽带弱化，核心家庭成为独立的亲属单位，加之社会保障体系的不断完善，这些变化导致家庭传统功能的弱化。从 20 世纪 70 年代开始实行的以控制人口数量为目的的计划生育政策，改变了人们的生育观念和生育行为。2007 年年末，我国独生子女人数已超过 1.5 亿人，且以每年约 500 万人的速度递增，独生子女户占全国家庭户总数的比重已超过 1/3。由于生育政策的限制，父母无法获得期望中的子女数，父母的幸福和养老保障已经不能完全依靠子女的数量多，“多子多福”的社会经济“土壤”已经发生了变化。有研究显示，当子女在学业或者工作上获得突出成就时，父母可能会获得很好的经济回报，也会产生很大的心理满足感和幸福感。在当下和未来的中国，子女的质量可能在父母的幸福感中扮演至关重要的角色。

子女数量比较直观，但是如何测量子女质量相对复杂。以往的研究多用子女的受教育水平作为子女质量的测量变量，子女的收入水平则被忽略了。但是子女的收入水平同样是反映子女社会经济状况的重要变量。本部分使用中国健康与养老追踪调查（China Health and Retirement Longitudinal Study,CHARLS)2013 年调查数据,使用子女的受教育水平和收入水平衡量子女质量,使用生活满意度和抑郁度衡量父母的自评幸福度。

我们的研究发现,子女数量和子女质量均能显著提高父母的自评幸福度,而且子女质量的影响更为显著,其中子女收入水平的作用最突出。独生子女的父母和有两个孩子的父母的自评幸福度没有显著差异,但是有 3 个孩子及以上会显著影响父母的自评幸福度,会提高老年父母的生活满意度,但会使中年父母更抑郁。子女的收入水平越高,中年父母和老年父母的生活满意度越高,抑郁度越低。子女的受教育程度高,会显著降低老年父母的抑郁度,但是对中年父母的抑郁度没有显著影响。这一发现表明,“多子多福”依然适用于老年父母,对中年父母则不然。孩子质量高对提升父母的幸福度有非常重要的作用,对中年父母来说,子女的质量可以替代子女的数量。

研究结论可能会影响将要成为父母的人群的生育观念、生育行为和教育理念。由于房价、养育孩子成本的增加,对年轻父母来说,孩子越多,负担越重,幸福度也越低。虽然在老年之后,子女数量多会提升生活满意度,但是孩子数量得在 3 个及以上才会有显著作用。对年轻父母而言,提高子女质量显然是更好的选择。同时也对进一步完善社会保障制度提出了要求,城市父母和农村父母对子女的依赖和期望不同,因为他们的社会经济状况不同,所以完善社会保障制度,减少老年人对子女的依赖,也是提高父母自评幸福度的重要保障手段。

第三部分分析了城市高龄独居老年人的孤独感及影响因素。这部分从老年人的居住地属性和居住安排的角度研究老年人的自评幸福度。我国人口老龄化和城市化进程叠加,加之社会经济转型的影响,重塑了城市居民的生活。城市老年人的居住安排出现新的变化趋势,独居老人的比重大幅增长。根据“六普”数据,2010 年城市 70 岁及以上独居老人已经达到 483 万人,占到 70 岁及以上老人的 14.05%。家庭小型化和核心家庭主流化使更多老年人与子女分开居住。劳动力人口空前活跃的空间流动、计划生育带来的少子化等因素也使独居成为很多老年人不得不面对的现实。近几十年，城市住房条件的大幅改善则满足了老年人得以独居的物质条件。在这些因素的共同作用下，城市老年人尤其是高龄老年人的独居比重呈现明显的增长趋势。

独居老年人在居住方式上与外界隔离，与他人的交往和交流受限，可能有较高的孤独感。孤独感是一种消极的情感体验。独居老年人的孤独感显著高于非独居老年人。15%的独居老年人感受到强烈的孤独感，与他人同居的老年人感到强烈的孤独感的比例只有4.2%。但是，独居并不一定意味着孤独。城市对独居老年人孤独感的影响可能是双向的。一方面，随着城市人口的不断增长和土地的不断扩张，城市的居住空间呈现立体化和封闭化。与农村熟人社会的邻里关系不同，城市的邻里人际关系呈现陌生化和孤立化。我国现有的养老服务体系尚不完善，独居对孤独感的影响在我国比在西方社会可能更显著。另一方面，城市让生活更美好（Better City，Better Life）。城市在生活便利、老年服务和保障资源等方面都具有显著的优势。中国城市老年人的子女迁移不像农村那样普遍，目前大部分70岁及以上的城市老年人会有子女在同一城市居住，可能是"一碗汤的距离"，彼此关照且互不打扰，这样的居住安排有助于家庭和谐，减轻独居老年人的孤独感。城市生活对于高龄独居老年人的孤独感具有多重影响，而且这些影响的发挥机制还取决于高龄独居老年人及其家庭的情况。因此，城市高龄独居老年人的孤独感水平到底如何、具体的影响因素及作用机制是怎么样的，这些问题都亟待深入考察和分析。

我们使用国家社会科学基金重大项目"未来十年我国城市居家养老保障体系研究"课题组开展的"城市70岁及以上独居老年人口状况与养老意愿调查"数据深入分析城市独居老年人的孤独感及影响因素。研究发现，调查样本中40%的老年人从来不感到孤独，45%的老年人有时感到孤独，约15%的老年人经常感到孤独。与其他老年人(不分独居与非独居,不分城乡,包括70岁以下的老年人)的孤独感的研究比较,城市独居老年人的孤独感并没有显著高于其他老年人。但是,不同特征的城市独居老年人的孤独感不同,女性、高龄、经济状况不富裕和健康状况差的独居老年人的孤独感风险较高。独居老年人与子女的居住距离越远、与家人的联系频率越低、关系越差,他们产生孤独感的风险也越高。但是与邻居的关系情况则与孤独感没有显著关系。

目前70岁及以上的老年人还是以多子女为主,家庭支持的可能性和可行性比较高。但是,从20世纪70年代末以后出生的人群,在进入70岁之后,人口的快速迁移流动和关系的变迁会使更多的老年人和子女分开居住,甚至异地居住,来自家人的支持会因为距离的增加而减少。在这种情况下,来自邻居、朋友和社区干部以及志愿者的支持会由于其较高的可获得性和便利性而越来越重要。但是,我国城市化进程重塑了城市居民的社会关系和社会生活,加之社区建设尚不成熟,如何构建有益的社会生活和社会关系,使邻居和社区干部以及志愿者对老年人的支持能够真正有益于老年人,满足老年人特别是独居老年人的需求,不仅需要社区的努力和建设,也需要国家和政府的支持和引导。

第四部分分析了福利院老年人的自评幸福度。这部分是本书唯一的定性研究。我国目前正在逐步建立和完善以居家养老为基础、社区服务为依托、机构养老为补充的养老服务体系。虽然机构养老只是整个养老服务体系的补充,但是由于我国老年人口规模庞大,对养老机构的需求是非常巨大的。国家统计局数据显示,2017年年末,我国有各类养老服务机构2.9万个,其中养老服务床位714.2万张。入住养老机构,如福利院的老年人的年龄一般都比较高,平均年龄在80岁以上,他们的生活自理能力和认知能力相对比较差,健康状况的衰退与社会角色和关系的丧失可能会使他们有较低的自评幸福度。而且,相比于居家养老的老年人,入住养老机构的老年人一般与其他老年人合住，家庭的归属性、个体的私密性和对生活的控制性降低，这些也降低了老年人的自评幸福度。但是，入住机构的老年人生活规律、衣食住行有专人照料、有同龄人共同娱乐和参加各种活动，这些也会提高老年人的自评幸福度。也就是说，在机构养老对老年人的自评幸福度的影响是双向的。随着人口老龄化和家庭少子化的进一步深化，预计未来需要入住各类养老机构的老年人会不断增加，深入全面研究养老机构的老年人的自评幸福度具有十分重要的意义。

我们采用半结构访谈法采访了上海市第一社会福利院的15位老人，通过深入的访谈和定性研究，探讨了福利院老年人的自评幸福度及影响因素。研究发现，福利院老人心态平和，生活规律而平静，日常活动丰富，对福利院的生活满意度高。这可能和上海市第一社会福利院的优越环境有关。使老年人产生孤独感和情绪低落的主要原因是不能经常与子女见面，以及因为需要与别人合住，生活习惯和爱好的不同会导致生活中的不方便和摩擦。能住进这个福利院的老年人的经济状况整体比较好，在老人们的叙述中，他们都暗示了这样的事实：由于生活上的富足，他们不需要再担心经济方面，能够安享晚年。老年人的自我接受度和自我调节能力是福利院老年人能够保持较高的自评幸福度的重要影响因素。

人口老龄化进程的加快和庞大的老年人口规模是我国正在和将要面临的巨大挑战。老年人的生命质量是国家、社会、家庭和个人共同关注的重要议题。本书的研究成果是初步的、尝试性的，虽然我们使用大型的老年调查数据，采用了前沿的、适合的研究方法对一些重要的议题进行了研究，但是距离我们全面解析老年人的自评幸福度还相距甚远，需要我们做更多的后续研究工作。

本书能成文要感谢我的良师们。引领我入门并致力于研究老年人的自评幸福度的是我在北京大学攻读博士时的导师曾毅教授，我在德国马克斯·普朗克人类研究所和人口研究所访学时的导师 Prof. Jacqui Smith 和

Dr. Heiner Maier。他们引领我在学术研究中一步步前进，他们的言传身教令我终生受益。他们对学术的孜孜以求、严谨的治学态度和坚韧不拔的精神无时无刻不在激励我。

本书能成文还要感谢我那些出色的学生们和合作者，他们参与了相关章节的撰写。第一部分，董隽含；第二部分，董隽含、张欣；第三部分，徐刚、张震；第四部分，张欣。董隽含对全书的格式做了编辑统筹，支润楠对参考文献的格式进行了编辑整理。第四部分的访谈资料其实是我在华东师范大学 2014 年本科生暑期课程“人口与社会”的一个期末作业，我带领学生们在上海市第一福利院进行访谈，参与的学生们都非常喜欢做这样的期末作业，他们在访谈过程中仔细耐心，在文字转录中认真负责，还与我交流访谈心得。他们是陈珊华、陈一凡、何露、贾涵宇、敬霞、冷慧琳、李美琪、刘越、冒培娴、孙琰婷、王子铭、严妍、杨鸣一、印悦、郑楠。在此对他们为本书做出的贡献表示衷心的感谢！

最后感谢中国人口出版社的编辑及相关工作人员的大力支持和辛苦努力！

目　录

第一部分

我国老年人的自评幸福度的变化轨迹及影响因素

引　言

伴随着死亡率的下降和预期寿命的提高，我国老年人口规模在迅速增加，人口的快速老龄化已成为我国社会面临的严峻考验之一。“六普”数据显示，我国60岁及以上老年人达到17 765万人，占全国人口13.26%，65岁及以上人口占8.87%（国家统计局，2011）。截至2017年年底，我国60岁及以上老年人口规模已达到24 090万人，占全国人口17.30%，65岁及以上人口占11.40%（民政部，2018）。据预测，到2050年，65岁及以上人口将上升至3.5亿人，比重将达到26.30%，80岁及以上老年人口规模将超过1亿人，占全体老年人口的31%（United Nations，2017）。

随着年龄的不断增加，老年人的生理功能将经历不同程度的衰退，与之相伴的还可能有心理状态的变化。未来如此庞大规模的老年人口的身心健康将直接关系到我国健康医疗负担，因此考察我国老年人的主要健康指标的变化趋势及其影响因素具有重要意义。

老年人的自评幸福度指标可以较好地评估老年人的物质生活与精神生活水平,也是评判老年人身心健康的重要标准(张伟等,2014)。提高老年人的自评幸福度在促进老年人身心愉悦,提高其生活质量的同时,也有助于推进我国的健康老龄化。

自评幸福度也称为主观幸福感,它不仅可以评判个体成功老龄化程度和心理适应情况,也有助于衡量社会对老年人的政策和福利以及医疗卫生事业的发展水平(Baltes & Baltes,1990; Kahn,2002; Lawton,1991; Rowe & Kahn,1987,1997;Smith & Baltes,1999; Smith et al,2002)。自评幸福度是一个多维度的综合指标。鉴于以往研究较多聚焦老年人自评幸福度的一个维度或仅对其进行横截面研究,较少对老年人自评幸福度进行多维度的纵向分析,本研究使用中国老年健康影响因素跟踪调查(CLHLS)1998 年、2000 年、2002 年、2005 年、2008 年、2011 年和 2014 年的纵向跟踪数据,对自评幸福度的三个主要指标——生活满意度、积极情感和消极情感进行深入研究,以期较真实地反映我国老年人的自评幸福度的变化轨迹和影响因素。

第一节 文献回顾

一、自评幸福度的概念和测量

自评幸福度是一种态度,即看法、心理或情感状态。以往关于态度的研究认为,态度至少应该包括两个基本组成部分:认知(Cognition)和情感(Affect)(Andrews, Mckennell,1980; Ostrom,1969)。情感又分为两个方面:积极情感(Positive Affects)和消极情感(Negative Affects)。积极情感,如快乐、兴奋、骄傲等;消极情感,如孤独、沮丧以及悲伤等(Bradburn,1969)。

认知是来自头脑的理性的认识，而情感指发自内心的情绪表露。因此，一些学者将自评幸福度定义为对自己生活的自我评价和与生活环境相联系的快乐或悲伤的情感（Diener,1984; Diener,Suh,Lucas & Smith,1999; Smith & Baltes,1999; Smith,Borchelt,Maier & Jopp,2002）。对生活的自我评价属于认知部分，与生活环境相联系的快乐和悲伤是情感部分。这个定义强调个体的主观经验，因此对生活的评价以及与生活环境相联系的情感都以自己的感受为标准。这一方面避免了标准选择的困难，标准是自己制定的，并不需要别人和社会也认同这个标准，而我们知道制定一个别人和社会认同的标准是一件多么困难的事情，尤其是对于个体主观性强的概念；另一方面，这也意味着这个概念在个体间可能存在差异。

但是这个定义存在两个问题。一是定义并没有得到普遍认同。在很多已经发表的文章中，快乐、生活满意度、心境和自评幸福度混同使用（George,1979; Larson,1978）。二是定义本身比较笼统。对生活的评价可能是整体的，也可能是对生活的各个方面的评价，如经济满意度、婚姻满意度等；与生活环境相联系的快乐或悲伤的情感，生活环境具体所指也很模糊。

定义上存在的问题进一步导致自评幸福度的测量也难以达成共识。围绕如何测量展开的争论主要集中在四个方面。一是对某个维度的测量用单个变量还是多个变量，如对快乐的测量，纽芬兰纪念大学的快乐量表是多变量测量，也有很多研究的测量只是用一个简单的问题，如“您目前感到快乐吗”。二是量表设计应该是针对健康人群还是虚弱人群，如费城老年中心的心境量表是专门为测量老年人心境设计的量表。三是测量应该是考察自评幸福度的认知部分还是考察情感部分，或者是两者的综合，比如，生活满意度指数（Life Satisfaction Index）测量生活满意度（Neugarten, Havighurst & Tobin,1961）。测量快乐（Happiness）的量表有纽芬兰纪念大学的快乐量表（MUNSH – Happiness Scalse of Memorial University of Newfoundland Scale of Happiness)(Kozma & Stones,1980)等,测量情感(Affects)的量表比较著名的就是 Bradburn(1969)的情感量表(Affect Scale),测量心境(Morale)的量表则有费城老年中心的心境量表(Philadelphia Geriatric Center Morale Scale,PGCMS)(Lawton,1975)。因为这些量表都是多变量的,测量的内容其实非常丰富,不仅限于认知或者情感方面,如生活满意度指数,从这个量表测量名称来看,应该是认知方面的,但量表实际上也包含了情感部分的测量。还有学者进一步建议自评幸福度的测量还应该包括调适(Adjustment)、个体成长(Personal Growth)以及社会关系满意度(Satisfying With Social Relationships)等(Lawton,1991; Ryff,1989)。四是量表的时效性是一般性、经常性还是即时性(Steptoe,Wardle & Marmot,2005;Reis & Gable,2000;Kahneman,Krueger,Schkade,Schwarz & Stone,2006)。上述这些量表重新提取过去经验并且将不同时刻经验整合为总体评价,其最终得分不仅受到过去经历的影响,也会受到被访者回答时的心境或情绪的影响,可能导致被访者报告的自评幸福度与实际体验到的自评幸福度存在差异(耿晓伟,2013)。因此很多研究者又提出即时量表,即测量日常生活中当下行为的感受,突出当前效应,包括经验取样法(ESM)、生态瞬时评定法(EMA)、日重现法(DRM)、U 指数(The Unpleascmt Index)。

经验取样法是一种在自然情境中对日常经验以及当下行为进行深度研究的方法(Reis & Gable,2000)。它通过获得参与者的一系列日常生活的自我报告以探究人们在自然情境中的主观体验(耿晓伟等,2013)。其具体的操作方法如下。在调查期间,被访者根据其随身携带的便携式电脑或其他设备在某个随机时刻的提示,短时间完成相关问卷(停止正在进行的工作)。问卷的内容包括被访者所在地点、从事的活动、正在交往的人、当前的情绪及其程度等(王健等,2008)。例如,在考察积极情感与神经内分泌、心血管等生理机制的关系时,研究者要求被访者在某个工作日中每 20 分钟报告一次自评幸福度,每两个小时测量一次皮质醇、高血压及自体免疫状态，从而达到实验目的（Steptoe et al，2005，转引自耿晓伟等，2013）。其优点在于：可以对参与者生活中取样时刻的行为及感受进行丰富描述，避免了经验回忆和评价时的偏差，提高了生态效度。但也有花费大、被访者负担重等缺点。

与经验取样法相比，生态瞬时评定法包含范围更广，同时包括经验取样和生理事件取样。生态瞬时评定法具有三个特征：通过让被访者在自然环境中提供数据而保证生态效度；依靠对瞬时状态的数据采集，避免了经验回顾的评价偏差；对一天中多个瞬间采集数据，通过重复取样，以此保证研究现象的合理特征，同时也可以考察现象随时间变化的动态过程（Stone & Shiffman，1994，转引自耿晓伟等，2013）。其优点在于可以避免回溯报告偏差，用于测量持续一段时间的经验评价。缺点也非常明显，试验的负担重、花费大，而且选择合适的方法来分析生态瞬时评定法数据对于研究者也是一项挑战（Stone & Shiffman，1994）。

为了克服以上两种方法的缺点，日重现法根据一定问题的框架，引导被访者回忆、再现一天的活动和体验状况，并对这种状况进行评估。具体来说，日重现法设计要求被访者写一篇日记，总结前一天发生的事件情景，以此唤醒近期具体的记忆、减少偏差。然后使被访者根据对情景、经验等相关问题的回答来详细描述每一个情景，以此实现对与活动情景的相关经验的准确描述（耿晓伟等，2013）。它采用语境的科学方法，通过联系上下文网络，确定节点的意义，避免了回溯报告偏差（Kahneman et al，2006）。同时，该方法并非瞬时取样，被访者负担较轻，不会中断其正常活动，而且在提供对全天各事件评价的同时，也能够引导近期的记忆，减少回忆的偏差（王健等，2008）。但此种方法仅要求被访者重现前一天的生活，根据这一天的评价测量人们的幸福水平存在测量误差。

为了避免被访者对评价分数的不同解释，在经验取样法和日重现法的基础上，Kahneman 等（2006）提出了 U 指数，即测量个体处在不愉快状态中的时间比例。U 指数可以减少个体差异的影响，同时又和时间分配紧密联系，因此适合对国民幸福的度量，同时也适合自评幸福度的跨国比较。但 U 指数在消极情景的认定上有待深入细化，以活动的时间分配作为判断幸福的指标是否妥当，还需思考。

虽然自评幸福度的理论探讨和测量还处于不断的发展中，但是一些比较成熟的测量量表，如费城老年中心的心境量表和纽芬兰纪念大学的快乐量表等，在很多国家和地区的研究中得到较广泛应用，并且产生了许多有意义的研究成果。

二、自评幸福度和年龄的关系

研究老年人的自评幸福度的变化轨迹，必然会带来选取哪个变量作为时间维度的问题。年龄、出生队列和时期都可以作为时间维度，看研究者更关注哪个维度。如果研究者关注个体的老龄化对自评幸福度的影响，那么年龄就是时间维度；如果研究者关注社会变迁对自评幸福度的影响，那么出生队列就是时间维度；如果研究者关注不同时期自评幸福度的差异，那么时期就是时间维度。

年龄效应在许多文献中已经得到证实，但是影响作用和方向不尽一致（Raudenbush & Bryk，2002；Yang，2007；Yang & Lee，2009；李婷和张闫龙，2014；骆为祥和李建新，2011）。一种结论认为，理论上来说，自评幸福度是稳定的，即使出现一些具有负面影响的事件，也只会带来自评幸福度的暂时下降（Diener et al，1999）。自评幸福度在年轻人、中年人和老年人之间没有显著差异，而且，自评幸福度随着年龄的增长也保持稳定。另一种结论认为自评幸福度是变化的。自评幸福度和年龄呈现“U”形的关系，年轻人和老年人的自评幸福度较高，中年人的自评幸福度最低，80 岁是人生中最快乐的时候（Clark & Oswald，2006； Collins，2011）。

自评幸福度的稳定性可能源于两个方面的原因。一方面，人格特征和自我保护倾向的稳定性。如有的人天性快乐，而有的人天生忧郁（Costa & McCare，1980）。天性快乐的人即使遭遇挫折也会坚强面对，自评幸福度保持稳定；天生忧郁的人即使面对喜悦、成功的事情也会想到它不利的一面，自评幸福度保持稳定。另一方面，可能是由于生活环境保持长期稳定，如家庭、工作以及经济收入状况的稳定可能会带来自评幸福度的稳定。自评幸福度的稳定性结论得到很多实证研究的支持（Diener & Suh，1997；Larson，1978；Malatesta & Kalnok，1984；Mroczek & Kolarz，1998）。

同样，导致自评幸福度发生变化的原因也不是单一的。一方面，可能由于自评幸福度是多维度测量的，各个维度与年龄的关系各有不同，有的会保持稳定，但有的会发生变化，如随着年龄的增长，自评幸福度的认知维度和情感维度表现出不同的变化趋势（Diener et al，1999）。快乐随年龄的增长下降（Charles，Reynolds & Gatz，2001），但是生活满意度保持稳定或者稍有上升（Diener et al，1999）。另一方面，在老龄阶段，尤其是高龄阶段，老年人的健康状况恶化、生理功能衰退以及社会关系和角色逐渐丧失（Birren et al，2014；Fries et al，2000；Lee & Markides，1990），老年人由此面临着一个不断恶化的生活环境，因而有可能带来自评幸福度的下降。

这些研究其实都在指向年龄效应的复杂性。Elder、Glen（1975）将年龄从时间层面划分为 3 个维度：一是个体的生命年龄，个体从生到死一生的持续期；二是个体的社会年龄，根据不同年龄的社会期待（如入学、婚姻或退休等）制定的社会时间表；三是个体的历史年龄，个体的出生年份在社会历史变化中所处的位置。骆为祥和李建新（2011）根据年龄的 3 个维度及其对自评幸福度的双向作用，将年龄与老年人自评幸福度的关系归纳为 6 种组合，分别是生物年龄—负面、生物年龄—正面、社会年龄—负面、社会年龄—正面、历史年龄—负面和历史年龄—正面。历史年龄的正负效应其实是队列效应。生物年龄与社会年龄对自评幸福度的双向影响如表 1－1 所示。

表 1－1　年龄的不同维度对自评幸福度正负影响对照

不同维度	负面	影响机制	正面	影响机制
生物年龄	衰退效应	生理功能衰退、日常生活功能缺损、病痛折磨等	选择性存活效应	生活乐观、生活满意度高的群体的存活概率更高
社会年龄	角色丧失效应	丧失亲友、失去爱人、丧失劳动能力等	年龄成熟效应	适应能力随经验的增加、心智的成熟而增加

年龄效应的复杂性还在于很多研究中将队列效应混杂在年龄效应中，不能得到纯粹的年龄效应和队列效应。自评幸福度在不同年龄组之间的差异和随年龄增长而发生变化，其实是混合了队列效应的年龄效应。队列效应反映的是社会变迁和时代特征对个体的影响，即社会发展和历史背景对身处相同社会时期、共同经历社会变化的个体产生类似的影响，对经历不同社会时期的个体的影响可能会存在差异（李婷和张闫龙，2014；骆为祥和李建新，2011），这种影响分为正向和负向两个方面，即历史年龄—负面作用和历史年龄—正面作用（骆为祥和李建新，2011）。

这些研究均表明，自评幸福度与年龄的关系比较复杂，混合了队列效应后更是难以厘清。就老年人这个群体而言，由于生理功能的逐渐衰退、健康状况的恶化以及社会关系和角色逐渐丧失，自评幸福度的某些维度可能会表现出下降的趋势和特征，但是选择性效应、年龄的成熟效应可能会带来另一些维度保持稳定甚至出现上升。这一点可以从有关积极情感、消极情感和生活满意度与年龄关系的文献回顾中得到进一步的说明。

（一）积极情感、消极情感与年龄的关系

情感在不同年龄之间的差异到目前为止还没有得到一致的结论。在积极情感方面，有研究认为老年人的积极情感不如年轻人和中年人高（Bradburn，1969；Diener & Suh，1997；Shmotlin，1990）。但是也有研究指出，积极情感在各个年龄段上（20 ~ 70 岁）基本保持稳定（Gross et al，

1997)。有研究甚至发现低龄老年人的积极情感高于中年人，中年人的积极情感高于年轻人(Ehrlich & Isaacowitz,2002;Mroczek & Kolarz,1998)。就消极情感方面而言，许多研究指出消极情感与年龄没有相关关系(Bradburn,1969; Diener & Suh,1997; Kunzmann,Little & Smith,2000; Malatesta & Kalnok,1984; Shmotkin,1990; Smith,2001)。但是有研究发现，年龄越大，消极情感越高(Barrick,Hutchinson & Deckers,1989; Gross et al,1997; Mroczek & Kolarz,1998; Vaux & Meddin,1987)。还有研究表明，年龄越大，消极情感越低(Ehrlich & Isaacowitz,2002)。

积极情感随年龄增长的变化轨迹没有获得共识。相关研究显示积极情感随年龄增长基本保持稳定(Costa,McCrae & Zonderman,1987);或者在15~64岁保持稳定，而在65~86岁出现下降(Stacey & Gatz,1991);或者在低龄老年人(65~75岁)中保持稳定(Charles et al,2001; Ferring & Filipp,1995),但是在高龄老人中(70~103岁)轻微下降(Kunzmann et al,2000; Smith et al,2002)。在消极情感的年龄变化方面，有关研究的结论相对比较一致，即消极情感随年龄的增长保持相对稳定(Charles et al,2001; Costa et al,1987; Ferring & Filipp,1995;Kunzmann et al,2000; Smith & Baltes,1993; Smith et al,2002;Stacey & Catz,1991)。

这些研究显示，情感与年龄的关系呈现多样性的特点：情感在各年龄(队列)群体间可能存在差异，也可能没有差异；随年龄的增长，情感可能保持稳定，也可能发生变化。如BASE的研究(Kunzmann et al,2000; Smith et al,2002)发现，在高龄阶段，不论是横向研究还是纵向研究，随年龄的增长，积极情感出现下降，消极情感保持稳定。但是，在该研究的横截面研究中，控制生理功能使得最老的高龄老人的积极情感比相对年轻的高龄老人的积极情感水平高、消极情感水平低。而且，在纵向研究中，控制生理功能使得积极情感保持稳定，并没有随年龄的增长而下降。这不仅表明，情感与年龄的关系是复杂的，而且说明，老年人的健康状况会影响到情感与年龄的关系。

（二）生活满意度与年龄的关系

生活满意度测量自评幸福度的认知方面。与情感和年龄的研究相比，有关生活满意度和年龄的研究要少得多（Deiner et al,1999）。有研究指出，20～80岁，生活满意度微有上升。Ehrlich、Isaacowitz（2002）考察了18～93岁的人群后发现，生活满意度既没有上升，也没有下降，而是保持稳定。Zeng、Vaupel（2002）指出生活满意度在80～89岁组、90～99岁组和100～105岁组之间没有显著差异。Horley、Lavery（1995）对1 000名年龄在15～95岁的加拿大人研究后指出，在65～74岁这个年龄段，生活满意度的均值上升，但是到75岁以后逐渐停止，高龄老人的生活满意度保持在较高的水平，不再上升。该研究所进行的纵向分析还发现，在7年的观测期内，年轻人倾向于报告较低的生活满意度。这些研究说明，老年人的生活满意度相对较高，而且随年龄增长保持稳定。Diener等（1999）认为生活满意度的稳定性可能源于年龄的成熟效应。

从上述有关自评幸福度和年龄关系的研究回顾可以看出，自评幸福度与年龄之间的关系比较复杂。一方面，可能是自评幸福度是一个多维综合的概念，不同的维度和年龄的关系可能是不同的，因而呈现各种可能；另一方面，年龄效应中混合了队列效应，所以年龄效应在不同的数据中可能呈现不同的形式。在老年人的自评幸福度和年龄的研究中，老年人健康状况的恶化和社会关系的变化可能会影响二者的关系。因此，厘清自评幸福度的不同维度和年龄的关系，分离队列效应，析出纯粹的年龄效应，并且考虑控制健康状况和社会关系的影响，是分析老年人自评幸福度和年龄关系的重点和难点，也是本研究的重点研究内容。

三、自评幸福度的影响因素

很多研究揭示，社会人口特征、社会支持、认知能力、健康状况以及活动参与都是影响自评幸福度的因素(Brummett et al,2011; Datu & King,2016; Diener et al,1999; Isaacowitz & Smith,2003; Li et al,2014; Livingstone & Srivastava,2012; Myers & Diener,1995; Pilkington et al,2012; Pinquart & Sorensen,2000; Staudinger,Fleeson & Baltes,1999a; Staudinger et al,1999b; Tait,Padgett & Baldwin,1989; Wilson,1967;李强等,2004;宋佳萌和范会勇,2013)。

社会人口特征包括年龄、性别、婚姻状况、城乡居住地和社会经济地位等。当前研究对年龄与老年人自评幸福度相关关系的结论存在一定的差异。年龄和生活满意度的关系可能呈"U"形,人们在年轻和年老的时候生活满意度高,中年时的生活满意度最低(The Economics,2010)。有研究表明,60～65岁组老年人的自评幸福度最低(曹坚等,2008),70～79岁组老年人的自评幸福度最高的结论也出现在了既有研究中(孙鹃娟,2008)。此外,还有研究发现,高龄老年人的自评幸福度不及低龄老年人的自评幸福度(张伟等,2014)。大多数相关研究显示,女性老年人的自评幸福度不及男性老年人高(李德明等,2007)。有配偶老年人的自评幸福度显著高于无配偶老年人。我国老年人自评幸福度的城乡差异较为明显,城镇老年人的自评幸福度明显高于农村老年人(王希华和周华发,2010)。

社会经济地位的测量一般使用受教育程度、职业地位和收入水平。三者对自评幸福度的影响路径可能不同。受教育程度可能直接影响人们的自评幸福度,也可能通过收入和职业地位影响人们的自评幸福度(赵新宇和范欣,2014)。较高的受教育程度有助于人们获得稳定的高收入工作,进而提高其自评幸福度(Ross & Van Willigen,1997;赵新宇和范欣,2014)。不同的职位和地位影响老年人的自评幸福度,如教师和公务员的自评幸福度显著高于没有工作的老年人(刘萃侠等,1999)。

社会支持是自评幸福度的重要影响变量(宋佳萌和范会勇,2013)。社会支持有两种,即可分为情感支持(主观支持,如被理解、被尊重的体验及其满意感）和实际支持（客观支持，如直接的物质援助和社会网络）（Langford，Bowsher，Maloney & Lillis，1997；韦艳等，2010）。由于不同个体对社会支持的利用程度可能存在差异，而且人与人之间的支持是相互的，个体在支持别人的同时，也为获得他人的支持奠定了基础，因此，在实际的客观支持与对支持的主观体验的基础上，肖水源（1994）还增加了社会支持利用度维度，将其设定为评定社会支持水平的第三个维度。社会支持也可分为正式支持（各级政府、组织、机构等正式组织提供的社会支持）和非正式支持（由家庭成员、朋友等非正式组织提供的社会支持）（韦艳等，2010；徐勤，1995）。已有研究结果显示，实际支持、情感支持和支持利用度与老年人的自评幸福度呈显著正相关关系（Chalise，Saito，Takahashi & Kai，2007；Markides，Boldt & Ray，1986；宋佳萌和范会勇，2013；吴捷，2008），正式支持与非正式支持均可改善农村老年人的自评幸福度（方黎明，2016）。

张镇等（2012）将休闲活动的参与看作个体在闲暇时间内通过社会活动或个体活动的方式实现自我价值的重要形式，因此它对老年人自评幸福度具有显著的提升作用（陶裕春和李卫国，2017；张镇等，2012）。而且参与休闲活动有利于老年人重新认识自我、增加自信、满足心理需求并保持生命的活力（霍曼等，1992；陶裕春和李卫国，2017）。

有关研究显示，健康对自评幸福度有显著影响（Gorge & Landerman，1984；Okun，Stock，Haring & Witter，1984；Wilson，1967）。但是，健康对自评幸福度的认知维度和情感维度的影响不同，一些研究发现，健康与快乐的相关关系要弱于健康与生活满意度的关系（Costa & McCrae，1980；Guttnan，1975；Henley & Davis，1967；Zautra & Hempel，1984）。有研究指出，客观的健康指标对自评幸福度的影响弱于主观的自评健康对自评幸福度的影响，自评健康是最稳健（Robust）、最显著的影响自评幸福度的健康指标（Gorge & Landerman，1984；Larson，1978；Okun et al，1984；Smith & Baltes，1999；Smith et al，2002；李强等，2004）。当使用由其他人（如医生）评价的健康时(客观的健康测量指标),分析结果则表明,健康对自评幸福度的影响大大减弱(Brief,Butcher,George & Link,1993; Okun et al,1984; Watten,Vassend,Myhrer & Syversen,1997)。但是也有研究表明,客观的健康指标影响自评幸福度,积极情感受生理功能的影响(Kunzmann et al,2000)。由于该研究没有控制自评健康,所以无法比较自评健康和生理功能对情感影响的差异。令人惊奇的是,Smith 等(2004)的研究显示,高龄老年人的自评健康与自评幸福度显著正相关,即自评健康好的高龄老人其自评幸福度也较高。同时在该研究中发现,高龄老年人的生活自理能力与自评幸福度负相关,即生活自理能力高的高龄老人其自评幸福度较低。而且也有研究发现生活自理能力与老年人(65 ~ 105 岁)的生活满意度显著负相关(王莹等,2004)。

不同的研究在健康对自评幸福度的影响方面有着不尽相同的结论,这很可能是因为健康对自评幸福度产生影响的内在机制具有的复杂性所致。虽然目前对这一内在机制所知甚少,但根据以往有关的研究可以大致归纳为以下三种机制。机制一,有学者根据自评健康对自评幸福度的显著影响认为,由于自评健康不仅测量生理健康的状况,还测量情感的调适(Hooker & Sieger,1991; Waston & Pannebaker,1989),所以自评健康对自评幸福度的影响可能反映的是情感调适的作用(Diener et al,1999)。机制二,针对老年人健康状况在衰退时,老年人的自评幸福度仍然保持比较好的水平的情况,Heidrich 和 Ryff(1993)认为,由于自评幸福度是一个心理调适的指标,因此,老年人的自我调适系统可能在健康和自评幸福度的关系中起作用。自我调适系统具体包括三个方面:老年人对自己的定位、老年人与他人的比较以及老年人对现实与期望之间差异的调整。如果老年人将自己定位为健康状况要比年轻人和自己年轻时差,那么当老年人面临健康问题的时候,可能会以一种平常的心态接受,因而自评幸福度保持稳定,至少不会出现大幅度的下降。或者老年人尽管会因为健康状况变差而影响自评幸福度，但是与其他比自己更差的老年人比较后，觉得自己的健康状况还是可以接受的，因而不会出现自评幸福度大幅度的下降。或者有的老年人的健康状况是比较好的，但是这样的老年人同时对生活有较高的期望，在现实不能达自己的期望时，可能倾向于报告较低的自评幸福度。Heidrich 和 Ryff(1993)还进一步指出，随着年龄的增长，自我调适系统的功能会随之增强。机制三，健康是通过活动参与对自评幸福度产生影响的(Zautra & Hempel,1984)。因为健康状况影响老年人的活动参与程度(Kivett & Scott,1979)，而活动参与程度又显著地影响自评幸福度(Maddox & Eisdorfer,1962；李强等，2004)，因此活动参与程度对自评幸福度的影响也间接反映了健康对自评幸福度的影响。

（一）生活满意度的影响因素

有研究发现，年龄对老年人的生活满意度存在积极作用，其积极作用的来源可能为年龄的成熟效应、同期群正效应、存活效应等，且积极作用显著超过年龄为老年人带来的消极效应(贺寨平，2002；刘吉，2015；骆为祥和李建新，2011)。还有研究认为老年人的年龄与生活满意度呈倒“U”形关系，即 70～79 岁组老年人生活满意度最高，高龄老年人的生活满意度有所下降，但仍明显高于低龄老年人(王一笑，2017)。金岭(2011)指出，随着老年人年龄的增加，其选择生活满意度的概率逐渐下降。此外，还有研究指出，老年人的年龄与其生活满意度无显著相关关系(瞿小敏，2016；熊跃根，1999)。

男性老年人和女性老年人的生活满意度无明显差异(金岭，2011)，但也有研究表明，相比于男性，女性老年人的生活满意度更高(刘吉，2015)。有配偶老年人的生活满意度高于没有配偶老年人(Moss & Willoughby,2016；Ngoo,Tey & Tan,2015；刘吉，2015)。与此不同的是，有研究发现，空巢老年人的婚姻状况与生活满意度无显著关系(李添等，2018)。

生活满意度的城乡差异在不同的研究中也不同。有研究认为,城市居民与农村居民在整体的生活满意度方面没有显著差异,其差异主要集中在生活满意度的具体方面,如家庭生活、居住条件等(方纲和风笑天,2009)。但也有研究显示,农村老年人整体的生活满意度更好,这主要是由于城市老年人对生命质量的期望高、与周围比较的落差大导致的(金岭,2011;刘吉,2015)。另外,也有研究显示,农村老年人的生活满意度不及城市老年人(陈志霞,2001;张友琴,2002),这可能是农村老年人经济收入有限导致的(赵细康,1997)。

学者在研究中发现,受教育年限与生活满意度相关,但由于老年人的平均受教育程度较低,受教育程度很难对生活满意度产生显著作用(贺寨平,2002;刘吉,2015)。人力资本理论认为,在自由竞争的市场环境中,知识技能与生产效率、经济效益呈正相关,即教育程度越高,个体获得高收入的可能性越大(Mincer,1974;黄嘉文,2013)。所以,尽管受教育程度不是影响生活满意度的直接因素,但其通过收入这一中介变量来影响老年人的生活满意度(刘吉,2015),生活满意度随收入的增加而增加,而且收入对生活满意度的影响是比较稳健的(贺寨平,2002)。从职业地位来看,虽然受教育程度较高者获得较高职业地位的可能性较大(Blau & Duncan,1967;王威海和顾源,2012),但已有研究显示老年人的职业地位对其生活满意度的影响并不显著(贺寨平,2002)。

老年人的自评健康显著影响其生活满意度,自评健康越差的老年人的生活满意度越低(李强,2004;王一笑,2017)。日常生活能自理的老年人的生活满意度较高(李强,2004)。患慢性病、两周患病率与老年人生命质量显著相关,而且与单一慢性病相比较,患有 2 ~ 3 种慢性病的老年人的生命质量较差(孙玲等,2006)。除此之外,听力、视力、牙科疾病等也是影响老年人生命质量的重要因素(Appollonio, Carabellese, Frattola & Trabucchi, 1997; Khaw,1997;刘吉,2015);从心理特征变量来看,具有积极心理特征的老年人,如遇事更想得开、不经常感觉到孤独等,倾向于报告较高的生活满意度(王莹等,2004)。

活动参与是影响生活满意度的重要指标。积极参与活动,并保持适度的工作状态有助于提升晚年的生活满意度,活动的参与度与生活满意度呈显著正相关(Allen & Beattie,1984;Beard & Ragheb,1980; Campbell,Converse & Rodgers,1976;Reich & Zautra,1983;张镇等,2012)。

社会支持与生活满意度呈显著正相关(李建新,2007;宋佳萌和范会勇,2013;肖巧玲等,2018)。而且有研究指出,社会支持可能直接影响生活满意度,也可能间接影响生活满意度,中介变量包括孤独感、希望、自尊、认知功能等(肖巧玲等,2018)。

(二)积极情感和消极情感的影响因素

情感和生活满意度测量自评幸福度的不同方面,它们既相互联系,又相互区别,生活满意度高不一定意味着积极情感得分高,消极情感得分低,积极情感与消极情感在程度和速度上具有不对称性(李爱梅等,2015),因此它们的影响因素也呈现差异。

老年人的积极情感虽然随年龄的增加有所减少,但不同年龄组老年人的积极情感波动不大,无明显差异(陶裕春和李卫国,2017)。老年人的消极情感随年龄的增长有所上升(Chen & Sliverstein,2000),85 岁及以上的老年人对消极情感的感知更为明显(陶裕春和李卫国,2017)。女性在积极情感方面的表达显著高于男性(Wood,1996)。王芳等认为这可能是由于男性和女性的社会分工不同造成的,即女性更多从事需要表达情感的工作,如教师、护士或照顾儿童等,从而女性相较于男性更易体验和表达情绪的变化(王芳和陈福国,2015)。女性在消极情感方面的表达也显著高于男性,从而导致男性和女性在自评幸福度整体上无显著差异(Fujita,1991)。从婚姻状态来看,有配偶的老年人的积极情感显著高于无配偶者,消极情感显著低于无配偶者(高红英和苗元江,2008)。从城乡差异来看,农村老年人的消极情感高于城镇老年人,积极情感低于城镇老年人,这主要与社会结构性资源的匮乏有关(李德明等,2007)。受教育程度的提高有利于促进积极情感和缓解消极情感(高红英和苗元江,2008;刘仁刚和龚耀先,2000;陶裕春和李卫国,2017)。积极情感随收入的增加而增加的趋势较为明显,而消极情感与收入水平的关系并不显著(高红英和苗元江,2008)。

社会支持与消极情感呈显著负相关,与积极情感呈显著正相关(韦艳等,2010)。此外,有研究指出,对支持的利用度比社会支持更加重要,不懂得利用社会支持的个体会产生较多消极情感,能够较好地利用社会支持的个体更可能体验到快乐(辛自强和池丽萍,2001)。

老年人的自评健康有利于促进积极情感,缓解消极情感(陶裕春和李卫国,2017)。与日常生活自理能力较差、患病较多者相比较,日常生活自理能力较好者和患病较少者的积极情感均较高,消极情感均较低,且二者均存在显著性差异(高红英和苗元江,2008)。此外,有研究认为,生活自理能力是通过兴趣的广泛性来影响消极情感的产生的,即生活自理能力较好者更可能有广泛的兴趣,从而消极情感更少(刘仁刚和龚耀先,2000)。

活动参与的频率与积极情感呈正相关关系,与消极情感呈负相关关系(Argyle & Crossland,1987; Hills & Argyle,1998 a; Hills & Argyle,1998 b;陶裕春和李卫国,2017;张镇等,2012;)。诸如社交、读书看报、侍弄花草等休闲活动可直接促进老年人积极情感的增加(陶裕春和李卫国,2017)。

四、本研究的主要研究目标

在上述文献回顾中,我们发现有关老年人的自评幸福度的研究日益增多,取得了许多非常有意义的研究成果。在这些研究成果的基础上,本研究将在以下三个方面做进一步的研究。

首先,多维度地系统研究老年人的自评幸福度。如前所述,自评幸福度是一个多维度的综合变量,至少包括认知和情感两个维度,具体如生活满意度、积极情感、快乐、抑郁、焦虑等指标。以往的相关研究缺乏多维度的、系统的比较和研究。一方面,可能是研究者的侧重点不同,有的研究者对自评幸福度的某个方面有兴趣,因而深入研究某个维度或某个指标。另一方面,可能是数据的问题,研究者使用的数据中可能只提供了自评幸福度的某个或某些维度,因而研究者只能就现有的数据进行研究。本研究对老年人的自评幸福度的认知维度(生活满意度)和情感维度(积极情感和消极情感)均进行了深入系统的研究,包括它们的状况、联系和变化轨迹。

其次,厘清老年人的自评幸福度与年龄的关系。二者关系的复杂度不仅在于需要分清横向比较不同年龄之间的幸福度的差异,以及纵向比较同一出生队列随年龄的增长其自评幸福度的变化之间的差别,还在于年龄效应和队列效应经常混合在一起。因此,不能清晰地呈现自评幸福度的年龄效应。本研究使用多重队列纵向跟踪调查数据——中国老年健康影响因素跟踪调查(数据的详细介绍见第二节数据与方法),使用增长曲线模型,分离队列效应和年龄效应,以期更准确地刻画老年人的自评幸福度的年龄效应和队列效应。

最后,揭示影响因素对自评幸福度发生作用的内在机制。自评幸福度是一个兼具主观和客观的指标,因此它和影响因素之间的关系可能和我们的常识会有所差异。比如,健康状况对自评幸福度的影响,自评健康对自评幸福度是正影响,自评健康较好,自评幸福度也较高(Smith,Gerstorf & Li,2008;陶裕春和李卫国,2017),生活自理能力则与自评幸福度呈负相关,生活自理能力较好的老年人的自评幸福度反而较差(Smith et al,2004)。因此,需要深入剖析并揭示其中的影响机制和路径。

第二节　数据与方法

一、中国老年健康影响因素跟踪调查介绍和样本描述

本研究使用的数据是中国老年健康影响因素跟踪调查（CLHLS）1998年、2000年、2002年、2005年、2008年、2011年和2014年的纵向跟踪数据。该调查的基线调查是在1998年，在我国23个省（区、市）中，随机抽取了一半的市县，大约覆盖了全国85%的人口，是我国第一个最大规模样本的高龄老年人的全国性的抽样调查。除了对1998年基线样本80岁及以上的老年人进行连续追踪调查外，还在后续调查中不断增补样本并对增补样本进行追踪调查。从2002年开始，CLHLS加入了大量65～79岁的低龄老年人样本，是多重队列纵向追踪数据。其抽样设计的方法是：对样本市县内所有存活的百岁老人在其自愿的前提下入户访问。对每位受访的百岁老人，按照给定的年龄和性别构成，随机就近访问1.5位65～79岁、1位80～89岁和1位90～99岁老人。这样的设计虽然不是等比例抽样，放大了高龄老人和男性老人的样本量，但是也避免了高龄老人和男性老人样本量太小的问题，有利于对老年人的深入研究。

为了尽量包括7次追踪调查的所有有效样本，对自评幸福度的三个指标和部分自变量观察的缺失，我们采用多元缺失值估算（Multiple Imputation）的方法进行填补。因为有一大部分老年人因为死亡或者其他原因退出调查，还有一大部分老年人加入追踪调查的时间较晚，这样每个个体的观察次数不尽相同，1～7次不等，最终样本的个体数是43 260，总观察样本是83 146。

表1－2为本研究样本中使用变量的描述性统计。样本中男性约占43%，女性约占57%。男性的积极情感和生活满意度的平均值高于女性，

消极情感的平均水平低于女性,但其标准差大于女性。女性的平均年龄高于男性,因此更多女性分布在出生较早的队列中。

男女比例差异较为突出的变量有受教育程度、婚姻状况、生活来源、认知能力、视力、能否从椅子上站起来和能否捡起地上的书。与女性老年人相比,男性老年人的受教育程度高,生活来源为退休金的比例也较高。而且男性老年人认知能力无缺陷、视力好、能够从椅子上站起来、能够捡起地上的书的比例也显著高于女性老年人。

表 1-2 自评幸福度和协变量的描述性统计

变量	全部	男	女
	(N=83 146)	(N=35 574)	(N=47 572)
自评幸福度			
积极情感	3.63(0.59)	3.69(0.60)	3.58(0.58)
消极情感	3.67(0.75)	3.80(0.74)	3.58(0.74)
生活满意度	3.72(0.78)	3.73(0.80)	3.71(0.77)
自变量			
年龄	88.15(10.73)	85.69(9.96)	89.90(10.92)
队列			
1905 年及以前/%	20.59	12.27	26.81
1906~1915 年/%	28.45	27.50	29.17
1916~1925 年/%	24.60	28.39	21.77
1926~1935 年/%	17.26	20.59	14.77
1936 年及以后/%	9.09	11.26	7.48
受教育程度(文盲=0)/%	34.33	58.78	16.05
居住地(城市=0)/%	53.64	52.56	54.46
60 岁前从事的职业(高=0)/%	92.24	85.69	97.13
时变变量			

续表

变量	全部	男	女
	(N = 83 146)	(N = 35 574)	(N = 47 572)
婚姻状况(有配偶 = 0)/%	71.84	54.33	84.93
居住情况/%			
与家人同居	82.31	83.53	81.40
独居	14.02	12.67	15.03
住在养老院	3.67	3.80	3.58
生活来源/%			
退休金	18.34	30.35	9.36
家人	66.47	51.81	77.43
其他人	15.19	17.84	13.20
生病时的照料者(亲人 = 0)/%	10.08	10.13	10.04
生病及时治疗(是 = 0)/%	7.77	6.80	8.50
认知能力(有缺陷 = 0)/%	59.64	73.37	49.37
生活自理能力(有困难 = 0)/%	71.27	78.49	65.88
视力(看得见 = 0)/%	19.38	13.47	23.79
听力(听不见 = 0)/%	66.87	73.68	61.77
能否从椅子上站起来(能站起来 = 0)/%	9.18	6.31	11.32
能否捡起地上的书(能捡起 = 0)/%	13.18	8.92	16.36
过去两年重病(无 = 0)/%	19.65	20.32	19.16
自评健康/%			
缺失	8.42	5.52	10.59
不健康	13.91	12.84	14.71
一般	31.95	32.27	31.72
好	35.14	36.89	33.84
非常好	10.57	12.48	9.15

续表

变量	全部 （N = 83 146）	男 （N = 35 574）	女 （N = 47 572）
活动参与（参与 = 0）（%）	16. 78	10. 41	21. 54
下一次调查时的状态（%）			
存活	55. 89	58. 46	53. 96
失访	12. 85	12. 61	13. 03
死亡	31. 26	28. 93	33. 00

注：括号中是参照类，比如，居住地（城市 = 0），城市是参照类，表中的数字指居住地是农村的比例。数据计算时进行了四舍五入。

调查数据的内容涉及以下几个方面。

①基本情况，包括年龄、性别、居住地等。②自评幸福度和自评健康，包括生活满意度、自评健康、快乐、乐观、孤独等。③认知能力，包括一般能力、反应能力、注意力及计算能力、记忆以及语言、理解和自我协调能力。④生活方式，内容涵盖了饮食、体育锻炼、家务劳动及社会活动参与情况等。⑤日常生活自理能力（ADL）。此次调查所设置的日常生活自理能力调查项目是在目前国际上得到较广泛认同的一套指标体系的基础上构造而成的。⑥个人背景与家庭结构。⑦体检，包括目前国际上老年人健康调查通行的常规体检项目，以及对老年人患病情况的询问调查。⑧死亡信息，在跟踪调查中调查了样本中死亡老人的详细死亡时间、死因和临终前的生活自理能力等健康状况信息。

在老年人的研究中，年龄申报的准确性至关重要。经过详细的检验和比较，曾毅等认为中国老年人健康长寿跟踪调查数据中，汉族老年人 80 ~ 105 岁的年龄申报是比较可靠的。少数民族的年龄申报质量不如汉族（Booth & Zhao，2004；Gu & Lu，2004），但是由于少数民族的样本量在整个调查中的比重很小，所以并不影响整体的分析结果。由于没有足够的信息对超高龄老年人(110 岁及以上)和准超高龄老年人(106~109 岁)的年龄申报进行确认,所以把 1998 年样本中 156 名年龄自报在 106 岁及以上的老年人排除在研究之外(Zeng et al,2002)。

二、自评幸福度和协变量的测量

(一)自评幸福度的测量

中国老年健康影响因素跟踪调查用 8 个问题来测量自评幸福度。由于该调查不是专门为研究老年人自评幸福度而设计的调查,因此对老年人自评幸福度的测量没有采用完整的心理量表。但是调查中这 8 个问题包括了自评幸福度的几个核心内容,如生活满意度、快乐、乐观、孤独、紧张以及对自身老化的态度等,能够比较全面地反映老年人的自评幸福度状况。这 8 个问题分别是:您觉得您现在的生活怎么样? 不论遇到什么事您是不是都能想得开? 您是不是喜欢把东西弄得干净、整洁? 您自己的事情是不是自己说了算? 您是不是觉得与年轻时一样快乐? 您是不是经常感到紧张、害怕? 您是不是经常觉得孤独? 您是不是觉得越老越不中用? 老人的回答分为 5 个等级:“很好(总是)”“好(经常)”“一般”“不好(很少)”“很不好(从不)”。这些问题都要求老年人亲自回答,其他人不能代答。在本研究中,我们将回答重新编码,数值高表示自评幸福度水平高,数值低表示自评幸福度水平低。第一个问题是测量生活满意度的。对其他 7 个问题进行的因子分析产生两个因子,这两个因子分别代表潜在变量:积极情感和消极情感。积极情感包括问题 2~5,分别测量了乐观情绪、生活习惯的自觉、对个人事情的决策能力以及快乐。消极情感包括问题 6~8,分别测量了恐惧或焦虑、孤独感和感到越老越不中用。两个因子与各自相应的组成部分之间有较显著的相关关系:积极情感的 4 个组成部分的因子负载旋转后的范围是 0.65~0.7,消极情感的 3 个组成部分的因子负载范围是

0.61～0.80。因子分析的结果见表1－3。虽然在各次调查中的因子负载值有一些差异，但是基本结构没有变化。

表1－3　构成积极情感和消极情感的变量的因子分析结果

变量	因子负载	未被因子解释的部分#
积极情感+		
1. 不论遇到什么事您是不是都能想得开	0.68	0.48
2. 您是不是喜欢把东西弄得干净、整洁	0.70	0.51
3. 您自己的事情是不是自己说了算	0.66	0.56
4. 您是不是觉得与年轻时一样快乐	0.68	0.52
消极情感		
1. 您是不是经常感到紧张、害怕	0.79	0.37
2. 您是不是经常觉得孤独	0.81	0.34
3. 您是不是觉得越老越不中用	0.61	0.59

注："＋"得分再编码，数值高说明自评幸福度程度高。
"#" 表示测量误差和未被因子解释的部分。当它大于0.6时，说明因子没有很好地解释变量。

积极情感的4个组成部分的信度系数（Cronbach's Alphas）为0.60，消极情感的3个组成部分的信度系数也是0.60。与心理学和流行病学文献中的自评幸福度的信度系数（0.7或者更高）比较，该信度系数相对较低，但是鉴于本文中测量积极情感的问题只有4个，测量消极情感的问题只有3个，所以信度系数的值是合理的，也是可以接受的（Caplan，Naidu & Tripathi，1984；Chen & Short，2008；Nunnally，1967）①。以往文献中应用的自评幸福度的测量至少包括10个问题。信度系数与问题的数量呈正相关关系，测量的问题数越多，信度系数也就越高（Cortina，1993）。效度分析表明，积极情感（得分来自其4个组成部分的均值）和消极情感

---

① 如Caplan1984年指出的等于或大于0.50的信度系数说明数据具有足够的信度。

（得分来自其3个组成部分的均值）与生活满意度有显著的相关关系，生活满意度与积极情感呈正相关（$r=0.36$，$p<0.001$），表明积极情感高，生活满意度也高；生活满意度与消极情感呈正相关（$r=0.27$，$p<0.001$）[①]，表明生活满意度高，消极情感水平低。而且积极情感和消极情感之间也有显著的相关关系（$r=0.40$，$p<0.000$），表示积极情感高，则消极情感低。

（二）协变量的测量

本研究中的协变量包括：社会人口特征、社会支持、认知能力、生活自理能力、生理功能、过去两年内是否患重病、自评健康、活动参与程度和样本在下一次调查时的状态。

社会人口特征：本研究样本覆盖了65～120岁，均值年龄为88岁。我们根据调查对象的出生年份将样本划分为5个队列，1905年以前出生的老年人为最老的队列，编码为0；1906～1915年、1916～1925年、1926～1935年和1935年以后出生的队列分别编码为1～4[②]。在本研究中，居住地类型分为两类：城镇和农村。教育水平分为两类：0年（文盲）和1年及以上。60岁以前从事的职业的分类在调查中一共包括9类：专业技术，行政管理，农、林、牧、副业，渔业，工人，商业或服务业，军人，家务劳动，其他。在分析中，专业技术和行政管理被定义为"较高社会经济地位的职业"，其他类合并成一类，即"较低社会经济地位的职业"。这样分类虽然有些粗略，但是基本可以代表老年人在社会经济地位上的差异。婚姻状况分为有配偶和无配偶两类。本文使用的增长曲线模型和估计相对较为复杂，因此我们简化协变量的分类可以在一定程度上简化模型估计。这也是本研究中对其他协变量进行分类的原则。这些变量除了年龄和婚姻状况外，其他变量均

① 这里着重说明，消极情感得分较高，表明消极情感较低。后文的分析中，凡是涉及消极情感都以这个为标准。如在增长曲线模型中，消极情感的变化率是正值，说明消极情感在下降。

② 队列的划分参照李婷和张闫龙2014年发表的相关文章。

是不随时间变化的变量。

社会支持:包括4个变量,居住安排、主要生活来源、生病时的照料者和生病时能否得到及时治疗,这4个变量均是时变变量。

认知能力:认知能力应用简易精神状态量表[The Mini - Mental State Examination(MMSE)]测量。这个量表包括了一般能力、反映能力、注意力及计算能力、回忆以及语言理解与自我协调能力。量表的得分范围为0~23分,得分越高,认知能力越好。在分析中,得分被分为两类:0~17分代表认知能力较低,18~23分代表较高的认知能力。

生活自理能力:生活自理能力是测量生理功能的主要指标,包括洗澡、穿衣、上厕所、室内活动、控制大小便和吃饭六项基本的日常活动,是由老年人自报的指标。按照Katz(1970)对生活自理能力的分类,老年人生活自理能力的得分范围为1~8分,分数越高,说明生活自理能力越高。在分析健康对自评幸福度的影响时,我们将生活自理能力简化为两类:8分为一类,即六项日常活动都能够自理;8分以下为一类,表示一项及以上日常活动不能自理。

生理功能:生理功能包括视力、听力、能否从椅子上站立起来和能否捡起地上的书4个指标。视力的测量要求老人看一张图片上的图形的开口以及开口的位置,根据老人的回答由访问员填写相应的选项,是一个纯粹的客观指标。听力一栏是访问员根据老人在被访问过程中的听力表现填写的,能否从椅子上站起来和能否捡起地上的书都要求老年人实际操作,是测量老年人生理功能的客观指标。能否从椅子上站起来的答案选项分为3类。1. 能,不需搀扶或倚靠任何物体;2. 能,需搀扶或倚靠任何物体;3. 不能,我们将前两类合并成为"能站立",3单独为一类"不能站立"。能否捡起地上的书的答案分为3类。1. 能,站着捡起;2. 能,坐着捡起;3. 不能,在分析中,我们把前两类合并为"能捡起",3单独为一类"不能捡起"。

过去两年内是否患重病：该指标由一个问题来测量，“在过去两年中，您患过几次重病”。从患重病次数的频率分布来看，未患过重病的比例已经高达90%，所以把这一变量重新编码为二分变量，即“未患过重病”与“患过一次及以上重病（包括长期卧床）”。

自评健康：自评健康使用一个问题来测量“如何评价您目前的健康状况”。老年人的回答分为：“非常好”“好”“一般”“差”“很差”5 个等级。我们重新编码老年人的回答，分值高说明自评健康好。由于回答“很差”的老年人数量很少，所以我们将“很差”和“差”合成一个等级——“差”。因此，自评健康这个变量在分析中实际上是 4 个等级。另外，自评健康的缺失值比较多，我们没有进行填充，而是将缺失值单独作为一类。

活动参与程度：活动参与程度的测量包括 8 项活动：家务（做饭、带小孩），种菜、下地干活，种花养鸟，阅读书报，饲养家禽、家畜，打牌或打麻将等，看电视、听广播，参加社会组织活动。这些活动既包括一些日常活动，也包括一些社交活动，因此我们称这个变量为活动参与程度。老人的回答分为三个等级：几乎每天、有时参加、不参加。我们将这 8 项活动综合成为一个测量指标，得分范围为 8 ~ 24 分：8 ~ 23 分编码为 1，表明老人至少参与一项活动；24 分编码为 2，表示老人不参与任何这 8 项活动。

样本在下一次调查时的状态：因为在下一次调查时死亡或者失访的老年人，其健康状况要比存活个体差，因此我们也将这个变量作为协变量加入模型。而且，这个变量可以在一定程度上反映死亡和失访的选择性对自评幸福度的影响。

三、增长曲线模型

本部分主要的研究方法是增长曲线模型，增长曲线模型又称为多水平模型(Multilevel Modeling,Goldstein,1995)、分层线性模型(Hierarchical Linear Modeling,Raudenbush & Bryk,2002)、随机系数回归模型(Random Coefficient Regression, Hedeker, Gibbons & Flay, 1994)或者混合模型(Mixed Modeling,Pinheiro & Bates,2000)。

增长曲线模型适合本研究的原因,除了适用于纵向追踪数据的分析外,该方法的一些突出优点也有助于本研究。①该方法不要求各次观测之间的时间间隔相等。虽然 CLHLS 是每隔两年调查一次,但是实际数据中的观测间隔是不相等的,有的老年人隔了两年半才有再次观测,而有的老年人不到两年就被再次观测。②该方法允许每个样本被观测的次数不相等。在我们的样本中,有的老年人仅参加了基线调查,有的老年人参加了 2 次调查,有的老年人 7 次调查都参加了。增长曲线模型可以处理这样不平衡的数据结构。在以往的一些纵向研究方法中,如自回归模型和重复测量的方差分析,要求数据结构必须是平衡的,即所有的研究对象的观测次数是一样的。如果使用这类模型,会浪费许多有用信息。尤其对于老年人,由于死亡和健康状况引起的样本消减是非常普遍的现象。我们的样本中只有 44 位老人参加了 7 次调查,如果研究方法必须平衡数据结构,而删除那些少于 7 次观测的样本,意味着浪费了大量宝贵的信息。实际上,即使有的老年人只被观测了一次,但是他们的数据至少对增长曲线模型的截距估计有贡献。增长曲线模型的这一优点可以减小样本的选择性。③该方法可以考察个体的内部变化,并且进一步考察影响个体之间的差异。需要指出的是,个体增长的模式有线性的,也有非线性的(包括二次函数增长和三次函数增长等)。

本研究中的增长曲线模型包括两个层次,层 -1 模型为考察个体内部的变化,层 -2 模型为考察变化的个体差异。我们在这里以自评幸福度为例来介绍这个模型。增长曲线模型可以分层写,包括多个方程(Raudenbush & Bryk,2002),也可以不分层写,只写为一个方程(Goldstein,1995)。

根据建立增长曲线模型的一般过程，首先建立无条件模型（Unconditional Model），如果截距（Intercept）和斜率（Slope）的随机效应（Random Effects）显著不等于零，表明截距和斜率存在显著的个体差异，需要进一步建立条件模型（Conditional Model），即在截距估计和斜率估计中加入自变量来解释个体差异。

（一）无条件模型

层－1 模型考察老年人自评幸福度随年龄增长的变化。在层－1 模型中，个体在各个调查时点的数值定义为个体增长轨迹与随机效应的总和（Raudenbush & Bryk，2002）：

$$Y_{ti}=\beta_{0i}+\beta_{1i}Age+\beta_{2i}Age^2+\varepsilon_{ti}$$

这里，Y_{ti}是老年人 i 在时间 t 时自评幸福度的数值①②，$i=1$，……，n，$t=1$，……，T_i，T_i 是观测时间，从 1－7。时间变量 Age 对中（Centering）在均值年龄，也就是减去平均年龄 88 岁，这样 β_{0i}、β_{1i}、β_{2i}分别表示平均年龄时的自评幸福度的 T 值、自评幸福度随年龄变化的线性斜率和二次斜率。ε_{ti}是层－1模型的残差，表示没有被解释的自评幸福度。我们假设 ε_{ti}服从均值为 0，方差为 σ_ε^2 的正态分布，$\varepsilon_{ti}\sim N(0,\sigma_\varepsilon^2)$。

---

① 在分析中，Y_{ti}实际上取的是 T 值（均值为 50，标准差为 10），而不是观测的原始值。取 T 值主要考虑到两个方面的原因。一是许多研究方法要求变量以标准化的形式（Standardized Format）进入模型，这样可以避免变量用各自的均值和标准差“加权”自身。其他一些较大规模的纵向研究，如美国的 Seattle 研究、德国的 BASE 研究和瑞典的 BETULA 研究都是选择 T 矩阵而不是 Z 矩阵或其他矩阵形式。二是原始数据的标准差比较小（自评幸福度的标准差小于 1，生活自理能力的标准差小于 2），而 T 值的标准差是 10，由后者表示的变量各分类之间的差异比较明显也容易解释。

② T 值的计算方法：自评幸福度平均年龄 T 值的计算方法，首先计算自评幸福度平均年龄的 Z 值，$Z\text{值}_{ij}=\frac{\text{原始值}_{ij}-\text{原始值的均值}_i}{\text{标准差}_i}$，$i=1$，然后计算 T 值，$T\text{值}_{ij}=Z\text{值}_{ij}\times 10+50$，$i=1\sim7$。自评幸福度在追踪调查中的 T 值的计算方法，$T\text{值}_{ij}=10\times\frac{(\text{原始值}_{ij}-\text{基期原始值的均值})}{\text{基期原始值的标准差}}+50$，$i=2$表示第二次观测，$i=3$ 表示第三次观测，以此类推。

无条件模型的层－2 模型是层－1 模型中的三个增长参数 β_{0i}、β_{1i} 和 β_{2i} 的回归方程：

$$\beta_{0i} = \gamma_{00} + v_{0i}$$

$$\beta_{1i} = \gamma_{10} + v_{1i}$$

$$\beta_{2i} = \gamma_{20}$$

可以看到，这三个方程中只包括平均截距、平均斜率和随机效应，没有自变量，这也是为什么该模型被称为无条件模型的原因。

层－2 模型中的各个组成部分解释如下：γ_{00}、γ_{10} 和 γ_{20} 分别代表老年人自评幸福度的平均截距、平均斜率和平均二次斜率，v_{0i} 和 v_{1i} 是层－2 模型的随机效应，表示在无条件模型中两个增长参数 β_{0i} 和 β_{1i} 没有被解释的部分。我们假设 v_{0i} 和 v_{1i} 也服从均值为 0 的正态分布。

将层－2 模型代入层－1 模型，我们就得到一个方程：

$$Y_{ij} = (\gamma_{00} + \gamma_{10}Age + \gamma_{20}Age^2) + (v_{0i} + v_{1i}Age + \varepsilon_{ti})$$

这个方程中，第一个括号内是该模型的固定效应部分（A Fixed Effect Component），第二个括号内是模型的随机效应部分（Random Effect Component）。

如果 v_{0i} 和 v_{1i} 显著不等于零，说明截距和斜率存在显著的个体差异，需要进一步建立条件模型。

（二）条件模型

条件模型的层－1 模型在无条件模型的基础上加入时变变量。

$$Y_{ti} = \beta_{0i} + \beta_{1i}Age_{ti} + \beta_{2i}Age_{ti}^2 + \sum\beta_{ji}X_{jti} + e_{ti}$$

β_{0i}、β_{1i} 和 β_{2i} 同无条件模型的层－1 模型的解释，$\sum X_{jti}$ 是时变变量，包括婚姻状况、4 个社会支持变量、9 个健康变量、活动参与程度以及样本在下一次调查时的状态。

层－2 模型中加入队列、性别、居住地、受教育程度和职业这些非时变变量来解释截距和斜率的个体差异：

$$\beta_{0i} = \gamma_{00} + \sum_j \gamma_{0j} Z_{ji} + v_{0i}$$

$$\beta_{1i} = \gamma_{10} + \sum_j \gamma_{1j} Z_{ji} + v_{1i}$$

模型中 γ_{00}、γ_{10}、v_{0i}和 v_{1i}的解释同无条件模型的层 -2 模型的解释。这里主要解释模型中新增加的部分。γ_{0j}表示个体特征对 β_{0i}的影响,即老年人的个体特征对自评幸福度的回归系数。在分析中,由于自评幸福度已转换为 T 值,所以回归系数表示自变量与自评幸福度之间关系的趋势,而不是对应于自变量不同分类的自评幸福度的实际变化值。γ_{1j}表示个体特征对 β_{1i}的影响,即老年人的个体特征对自评幸福度变化率的回归系数。在分析中,由于自评幸福度已转换为 T 值,所以回归系数也是表示自变量与自评幸福度变化率之间关系的趋势。$\sum_j Z_{ji}$是老年人的个体特征,如老年人的出生队列、性别、居住地等,是不随时间变化的变量。队列虽然只有 5 个,但是为了模型的简洁,队列变量在分析中被当作连续变量。在稳健性分析中,我们也把队列作为分类变量分析,结果显示这两种方法的模型、参数及显著度的估算都非常相似。

第三节　研究发现

一、老年人的自评幸福度状况

表 1 -4 显示我国老年人的自评幸福度总体较好。生活满意度的均值为 3. 72,在一般和满意之间,更靠近满意,积极情感和消极情感的得分比生活满意度稍低,在一般和好之间,但是也靠近好一级。男性老年人的自评幸福度比女性老年人高,他们不仅有较高的生活满意度和积极情感,也有较低的消极情感。较早出生的队列有较高的生活满意度,但是积极情感较低,消极情感较高。城市老年人的生活满意度和积极情感高于农村老年人,消极情感低于农村老年人。受教育程度为 1 年及以上的老年人比没有

受过教育的老年人的生活满意度高、积极情感高、消极情感低。职业地位较高的老年人有较高的生活满意度和积极情感,较低的消极情感。

表 1-4　老年人的自评幸福度描述

变量	生活满意度	积极情感	消极情感
总体	**3.72(0.78)**	**3.63(0.59)**	**3.67(0.75)**
性别			
男	3.73(0.80)	3.69(0.60)	3.80(0.74)
女	3.71(0.77)	3.58(0.58)	3.58(0.74)
总计	3.72(0.78)	3.62(0.59)	3.67(0.75)
出生队列			
1905 年及以前	3.77(0.72)	3.54(0.55)	3.52(0.67)
1906~1915 年	3.74(0.77)	3.56(0.58)	3.61(0.73)
1916~1925 年	3.70(0.81)	3.63(0.61)	3.69(0.76)
1926~1935 年	3.68(0.83)	3.73(0.60)	3.80(0.78)
1936 年及以后	3.68(0.81)	3.80(0.58)	3.92(0.75)
居住地类型			
城市	3.81(0.79)	3.72(0.59)	3.77(0.75)
乡村	3.64(0.77)	3.55(0.58)	3.59(0.73)
受教育程度			
0 年	3.69(0.78)	3.56(0.58)	3.59(0.73)
1 年及以上	3.77(0.79)	3.75(0.60)	3.82(0.75)
60 岁前从事职业			
较高	3.98(0.79)	3.93(0.59)	4.00(0.74)
较低	3.70(0.78)	3.60(0.58)	3.64(0.74)

老年人的生活满意度与积极情感的相关系数约为 0.38,与消极情感的相关系数约为 0.27,积极情感与消极情感的相关系数约为 0.40(表 1-5)。虽然相关系数的数值比较小,但是相关关系均显著。相关系数值较小,但

是均非常显著的原因在于我们的样本观测量非常大，超过 8 万个观测量，样本量大会造成差异的增大，从而减小相关系数。

表 1－5　生活满意度、积极情感和消极情感的相关关系

指标	生活满意度	积极情感	消极情感
生活满意度	1		
积极情感	0. 3752 ***	1	
消极情感	0. 2743 ***	0. 3997 ***	1

这些分析结果与以往的研究基本一致。自评幸福度的三个指标之间有显著的相关关系，但是并不是强相关，它们与老年人的个体固定特征（如出生队列、性别、受教育程度等）之间的关系也呈现差异，这可能导致它们的变化轨迹及影响因素的差异。因此，我们分别考察了生活满意度、积极情感和消极情感随年龄增长的变化轨迹及影响因素。

二、老年人的积极情感的变化轨迹及其影响因素

（一）无条件模型

如前面方法部分所示，无条件模型（表 1－6 中的模型 1）中只在层－1 模型中加入年龄这个时间变量。模型 1 中层－1 模型的随机效应均显著不等于 0，说明老年人的积极情感的变化轨迹除了受到年龄的影响外，还受到其他时变变量的影响。层－2 模型的随机效应显著不等于 0，说明截距和线性变化率在个体间有显著差异。在进一步的分析中，在层－1 模型需要加入时变变量，层－2 模型需要加入反映个体差异的影响因素。模型 2 就是在层－2 模型的截距模型和线性增长模型中加入队列，考察不同队列的积极情感及其变化率的差异。模型 3 就是在层－1 模型中加入婚姻状况、社会支持变量、健康变量等时变变量，在层－2 模型中加入性别、居住地类型、受教育程度和职业地位等不随时间变化的变量。

表 1-6　增长曲线模型估计的积极情感的影响因素

变量	积极情感		
	模型 1	模型 2	模型 3
固定效应模型参数			
截距模型			
截距	48.816***	54.190***	61.282***
队列		-6.052***	-3.733***
队列(二次项)		1.467***	0.909***
性别(男性=0)			0.647***
居住地(城市=0)			-1.362***
受教育程度(文盲=0)			0.663***
职业地位(高=0)			-1.559***
线性增长模型			
年龄	-0.175***	-0.696***	-0.307***
队列		0.245***	0.134***
性别(男性=0)			0.016*
居住地(城市=0)			-0.020***
受教育程度(文盲=0)			-0.018*
60 岁之前从事的职业(高=0)			0.016
二次项增长率			
年龄(二次项)	-0.000066	0.011***	0.007***
时变变量			
婚姻状况(有配偶=0)			-0.869***
居住情况——独居(与家人=0)			1.076***
居住情况——养老院(与家人=0)			1.025***
生活来源——家人(退休金=0)			-2.328***
生活来源——其他人(退休金=0)			-1.564***

续表

变量	积极情感		
	模型 1	模型 2	模型 3
生病时的照料者(亲人 =0)			-0.037
生病及时治疗(是 =0)			-3.537***
认知能力(有缺陷 =0)			2.098***
生活自理能力(有困难 =0)			0.078
视力(看得见 =0)			-0.459***
听力(听不见 =0)			0.983***
能否从椅子上站起来(能站起来 =0)			-0.278*
能否捡起地上的书(能捡起 =0)			-0.533***
过去两年重病(无 =0)			0.345***
自评健康——缺失(非常好 =0)			-6.391***
自评健康——不健康(非常好 =0)			-10.925***
自评健康——一般(非常好 =0)			-8.355***
自评健康——好(非常好 =0)			-5.234***
活动参与(参与 =0)			-1.591***
下一次调查失访(存活 =0)			-0.481***
下一次调查死亡(存活 =0)			-0.535***
随机效应模型参数			
第一层:个体内部	81.89*	81.23*	73.10*
第二层:截距	18.38*	18.56*	7.00*
增长率	2.55 e-14*	1.99 e-14***	1.68 e-15*
观测数量	83 146	83 146	83 146
拟合度_AIC	617 143.5	616 718.6	600 122.0
拟合度_BIC	617 199.5	616 802.6	600 476.5

注:① *** 指 $P < 0.001$, ** 指 $P < 0.01$, * 指 $P < 0.05$;②变量列括号内是参照组。

已有研究显示,我们可以通过计算组内相关系数(ICC),来估算各层次的解释力度。如果无条件模型各层次的解释方差比例超过5%,说明有必要建立分层模型(Cohen,1988)。ICC计算公式如下所示:

$$ICC_t = \varepsilon_{ti}/(v_{0i} + \varepsilon_{ti}) \times 100\%$$

$$ICC_i = v_{0i}/(v_{0i} + \varepsilon_{ti}) \times 100\%$$

ε_{ti}表示时间随机效应,v_{0i}表示个体随机效应。

表1-7是根据表1-6中的模型1(无条件模型)的结果计算的组内相关系数。结果显示,老年人积极情感变化的81.67%是由时间效应引起的,18.33%是由个体特征引起的,因此有必要拟合分层线性模型。

表1-7　老年人积极情感变化的差异分解

单位:%

ICC	积极情感
时间效应	81.67
个体特征	18.33

(二)年龄趋势

增长曲线模型的结果显示(见表1-6中的模型1),年龄的一次项系数为-0.175且显著,年龄的二次项系数不显著,这表明随着年龄的增长,老年人对生活的控制感、快乐、乐观等积极情感呈现线性下降。也就是说,随着年龄的增长,老年人的幸福度在降低。模型2中控制队列效应后,年龄效应发生变化,线性系数变小,二次项系数变大并且显著,说明积极情感随年龄的增长不再是线性下降,而是遵循“U”形的变化趋势。模型1中呈现的年龄效应其实是混合了队列效应的年龄效应。模型3中进一步控制社会人口特征、社会支持和健康状况后,年龄效应虽然有所下降,但是一次项和二次项依然显著,说明老年人的积极情感随年龄的增长呈现“U”形变化趋势。

图1-1是根据模型3的系数估计得出的分队列的老年人的积极情感

随年龄增长而变化的趋势图。随着年龄的增加，老年人的积极情感呈现先减速下降后加速增长的变化趋势，这是年龄的二次项系数和一次项系数综合作用的结果。不同队列老年人的积极情感随年龄变化的程度存在显著差异，与出生较晚的老年人口队列相比，出生较早的老年人口队列的积极情感随年龄增加而变化的速度更快，这和队列与积极情感影响系数显著一致。

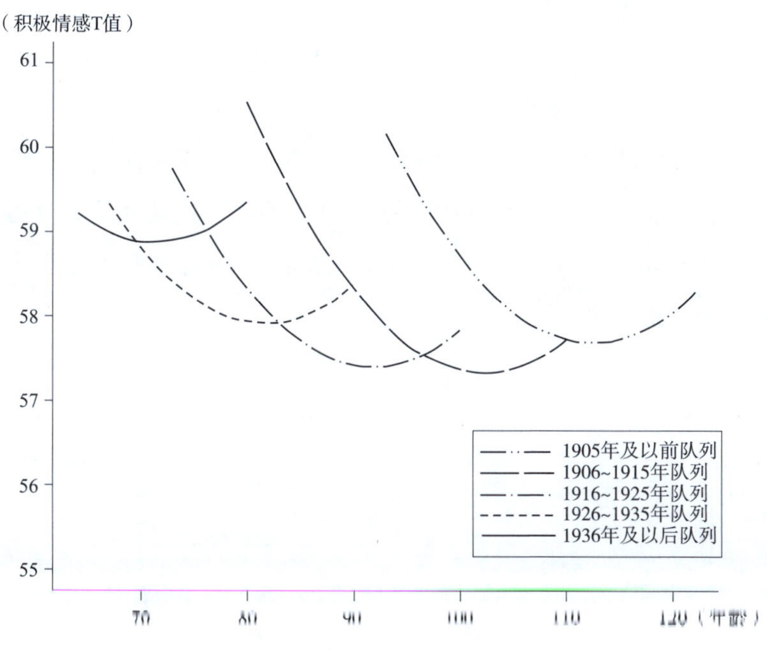

图 1－1　不同队列的积极情感的年龄别变化趋势

（三）队列趋势

队列效应可以通过两种方法来展示。一种方法是比较每一个队列在样本的平均年龄时的积极情感。对还没有观察到平均年龄的队列保持现有趋势进行预测，对最小观测年龄超过平均年龄的队列，按现有趋势反向预测出该队列在平均年龄时的指标值。另一种方法是比较相邻队列重合年龄段的指标值，但这一方法无法同时比较所有队列（李婷和张闫龙，2014）。因此，本研究选择第一种方法来考察不同队列老年人的积极情感。

图 1－2 是根据表 1－6 的模型 3 画出的积极情感在平均年龄(88 岁)的预测值随队列的变化趋势图。模型 3 中队列的一次项和二次项均显著,说明队列效应是非线性的。图 1－2 也显示老年人的积极情感在队列间呈“U”形曲线变化,较早出生和较晚出生的队列的积极情感较高,中间出生队列的积极情感较低。这在一定程度上反映了选择性生存对老年样本队列效应的影响(李婷和张闫龙,2014)。由于较晚出生队列的观测数据中尚未涵盖平均年龄,即其还没有经历较早出生队列的选择性生存,这些队列中还包括积极情感较低的群体,因此,按照当前趋势预测出的该队列达到平均年龄时的积极情感得分,会低于经过筛选后的较早出生队列的积极情感得分。此外,较早出生队列的积极情感还高于同样经过选择性生存的中间队列,这可能是由于高龄老年人在经历较多苦难后变得更加豁达导致的(郭志刚和刘鹏,2007)。

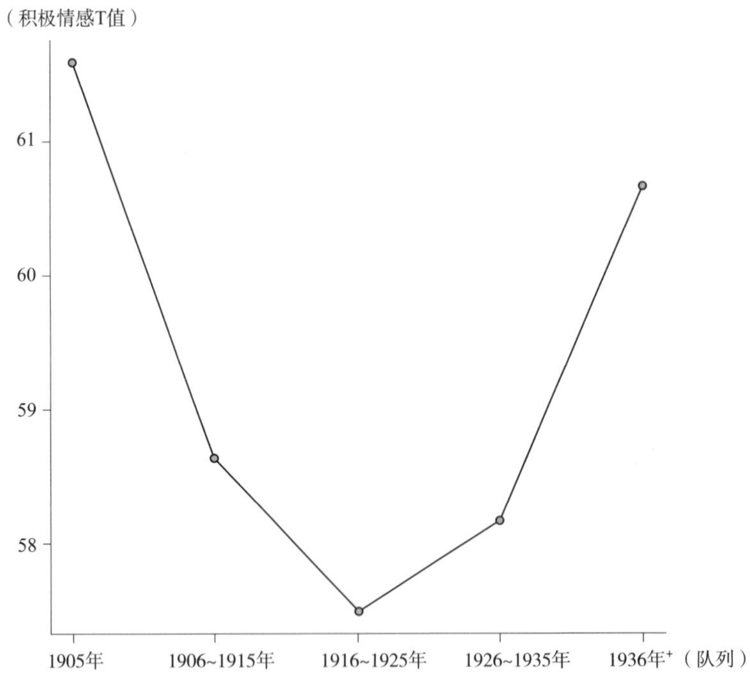

图 1－2　积极情感在平均年龄(88 岁)的预测值随队列的变化趋势

(四)协变量对积极情感变化轨迹的影响

模型1(表1-6)的截距和斜率的随机效应均显著不等于零,说明老年人的积极情感和积极情感的变化率都存在显著的个体差异。更准确地说,就是什么样的老年人报告的积极情感低于或高于平均截距,什么样的老年人的积极情感随年龄增长有不同的变化趋势。我们通过分析解释变量对积极情感的影响来回答这些问题。

表1-6的模型3显示,在固定效应的截距模型中,女性的积极情感T值比男性高0.647的标准差,女性的积极情感显著高于男性,这可能是由于社会角色的性别差异导致的。女性对美好事物更容易体验到和表达出来,因此她们的积极情感高于男性(Fujita,1991; Wood,1996)。从居住地来看,居住在农村的老年人的积极情感显著低于居住在城市的老年人,低了1.362个标准差。这可能与我国城乡之间的资源差异有关,城市在公共服务设施、医疗卫生条件等方面都优于农村地区,所以居住在城市的老年人获取资源更加便捷。此外,受教育程度在一年及以上的老年人的积极情感显著高于未受过教育的老年人,拥有较高社会经济地位职业的老年人的积极情感明显高于较低社会经济地位职业者。

线性增长模型显示,随着年龄的增加,女性老年人的积极情感的下降速度显著慢于男性,每年慢0.016个标准差。农村老年人的积极情感的下降速度显著快于城市老年人。受教育程度较高的老年人的积极情感的下降快于未受过教育的老年人。较低社会经济地位职业者的积极情感的变化和较高社会经济地位职业者没有显著差异。

总结而言,女性老年人的积极情感不仅高于男性,而且她们的积极情感的下降速度慢于男性。城市老年人的积极情感不仅高于农村老年人,而且他们的积极情感的下降速度比农村老年人慢。受教育程度较高的老年人的积极情感虽然高于未受过教育的老年人,但是他们的积极情感的下降速度快于未受过教育的老年人。可能的原因是未受过教育的老年人的积极情感的水平较低，进一步下降的空间比较小，因而积极情感在观测期内反而呈现较慢的下降趋势。受教育程度较高的老年人对生活和自己的要求较高，他们更可能对自己的事情说了算。随着年龄的增长，老年人对生活的控制有所下降，受教育程度高的老年人更容易感知这种变化及其带来的失落感，因而会评价较低的生活控制感，积极情感随年龄的增长下降速度加快。拥有较高社会经济地位职业的老年人虽然有较高的积极情感，但是他们的积极情感随年龄的变化率与较低社会经济地位职业的老年人没有显著差异。

老年人的婚姻状况显著影响其积极情感，无配偶老年人的积极情感比有配偶的老年人低0.869个标准差，体现了婚姻的保护作用。老年人的居住方式显著影响其积极情感，独居或住在养老院的老年人的积极情感均明显高于与家人共居的老年人，这和我们预期中的“天伦之乐”不一样，这可能是共居中的代际矛盾导致的。随着社会的发展，传统观念和规范的不断弱化，子代与亲代在生活方式、思想观念等方面存在较大差异，因此代际共居可能会产生矛盾，从而导致积极情感低于独居或居住在养老院的老年人。与以退休金为经济来源的老年人相比，依靠家人或其他人生活的老年人的积极情感较低，这也在一定程度上反映了老年人更加期待经济上的独立自主，“养儿防老”的思想逐渐退出主流。在生病时可以获得及时治疗的老年人的积极情感高于不能及时获得治疗的老年人。能够及时获得治疗说明老年人的社会经济状况较好，社会支持有效地提高了老年人的积极情感。

认知能力对老年人的积极情感有显著影响，认知能力无缺陷者的积极情感较高。这可能是由于认知能力无缺陷者能够更好地控制自己的生活，保持洁净，也能较好地处理自己的情感，有较高的积极情感。

听力、视力以及能否捡起东西这些感官和生理功能显著影响老年人的积极情感，能够听到、看到、捡起东西的老年人的积极情感明显高于无法听到、看到、捡起东西的老年人。过去两年患过重病的老年人的积极情感高于过去两年没患重病的老年人。这可能是由于患过重病的老年人在调查时已经实现了部分康复,因而才能回答调查中有关积极情感的问题。对比患病时期的痛苦经历与康复的轻松,老年人可能会对快乐、乐观以及自我控制有较高的评价。从自评健康来看,与自评健康“非常好”的老年人相比,自评健康为“好”“一般”“不健康”的老年人的积极情感依次降低。活动参与程度也显著影响老年人的积极情感,即老年人的积极情感随其活动参与程度的增加而增加。此外,被访者在下一次调查时失访或死亡的老年人的积极情感较低。

生病时是否有家人照料、生活自理能力和能否从椅子上站起来对老年人的积极情感无显著影响。

三、老年人的消极情感的变化轨迹及其影响因素

(一)无条件模型

无条件模型(表1－8中的模型1)中的层－1模型的随机效应均显著不等于0,说明老年人消极情感的变化轨迹除了受到年龄的影响外,还受到其他时变变量的影响。层－2模型的随机效应显著不等于0,说明截距和线性变化率在个体间有显著差异。消极情感模型中包括的变量和积极情感模型中的一样,建模过程也一样。这样可以比较变量对情感的两极的影响是否有差异。

表1－8　增长曲线模型估计的消极情感的影响因素

变量	消极情感		
	模型1	模型2	模型3
固定效应模型参数			
截距模型			
截距	54.122***	51.395***	57.950***
队列		3.212***	4.968***

续表

变量	消极情感		
	模型 1	模型 2	模型 3
队列(二次项)		-0.827***	-1.198***
性别(男性=0)			-0.801***
居住地(城市=0)			-1.522***
受教育程度(文盲=0)			0.482***
职业地位(高=0)			-0.785***
线性增长模型			
年龄	-0.170***	0.131**	0.460***
队列		-0.154***	-0.227***
性别(男性=0)			0.010
居住地(城市=0)			-0.027***
受教育程度(文盲=0)			-0.015
60岁之前从事的职业(高=0)			0.054***
二次项增长率			
年龄(二次项)	0.003***	-0.004**	-0.007***
时变变量			
婚姻状况(有配偶=0)			-2.075***
居住情况——独居(与家人=0)			-1.966***
居住情况——养老院(与家人=0)			0.823***
生活来源——家人(退休金=0)			-2.087***
生活来源——其他人(退休金=0)			-1.926***
生病时的照料者(亲人=0)			-1.125***
生病及时治疗(是=0)			-4.186***
认知能力(有缺陷=0)			1.131***
生活自理能力(有困难=0)			1.379***

续表

变量	消极情感		
	模型 1	模型 2	模型 3
视力(看得见 =0)			-1.318***
听力(听不见 =0)			1.240***
能否从椅子上站起来(能站起来 =0)			-0.189
能否捡起地上的书(能捡起 =0)			-0.204
过去两年重病(无 =0)			-0.076
自评健康——缺失(非常好 =0)			-4.289***
自评健康——不健康(非常好 =0)			-9.626***
自评健康——一般(非常好 =0)			-5.912***
自评健康——好(非常好 =0)			-2.542***
活动参与(参与 =0)			-1.136***
下一次调查失访(存活 =0)			-0.542***
下一次调查死亡(存活 =0)			-0.345***
随机效应模型参数			
第一层:个体内部	107.20*	107.15*	98.99*
第二层:截距	22.86*	22.79*	8.58*
增长率	3.09 e-14*	3.53 e-14*	1.77 e-11*
观测数量	83 146	83 146	83 146
拟合度_AIC	638 930.5	638 878.1	624 705.2
拟合度_BIC	638 986.5	638 962.1	625 059.6

注:① *** 指 $P<0.001$, ** 指 $P<0.01$, * 指 $P<0.05$;②变量列括号内是参照组。

表 1-9 是根据表 1-8 中的模型 1(无条件模型)计算的老年人消极情感变化的差异分解结果。老年人消极情感变化的差异的 82.42% 是由时间效应引起的,17.58% 是由个体特征引起的。

表 1-9 老年人消极情感变化的差异分解

单位:%

ICC	消极情感
时间效应	82.42
个体特征	17.58

(二)年龄趋势

需要注意的是,消极情感的分值高说明老年人的消极情感低,分值低说明消极情感高。模型 1 显示(表 1-8)年龄的一次项系数与二次项系数分别为 -0.170 和 0.003,二者均显著。这说明在不考虑其他个人特征的情况下,老年人的消极情感随年龄的增加呈"U"形变化趋势,先减速下降而后减速上升。模型 2 中控制队列效应后,年龄效应的方向发生了变化,线性系数由负数变为正数 0.131,二次项系数由正数变为负数 -0.004,二者仍显著。考虑了队列效应后,老年人的消极情感随年龄的增长呈显著的倒"U"形变化趋势。模型 1 和模型 2 中的年龄效应截然不同。模型 1 中呈现的年龄效应其实是混合了队列效应的年龄效应,因此,如果不考虑队列效应,消极情感的年龄趋势会存在一定程度的误差。模型 3 中进一步控制社会人口特征、社会支持和健康状况后,年龄效应增大且仍然显著。

图 1-3 是根据模型 3 的系数估计得出的分队列的老年人消极情感的年龄别变化趋势图。不同出生队列的老年人的消极情感随年龄的变化趋势存在显著差异。最早出生的队列的消极情感随年龄增长呈减速下降趋势。1906~1915 年、1916~1925 年、1926~1935 年出生队列的消极情感的变化呈倒"U"形曲线,随着年龄的增加,老年人的消极情感先减速下降后加速上升。较晚出生的队列的消极情感的下降速度较快。但是出生最晚的队列(1936 年之后出生)的消极情感随年龄增长呈现加速上升的趋势。

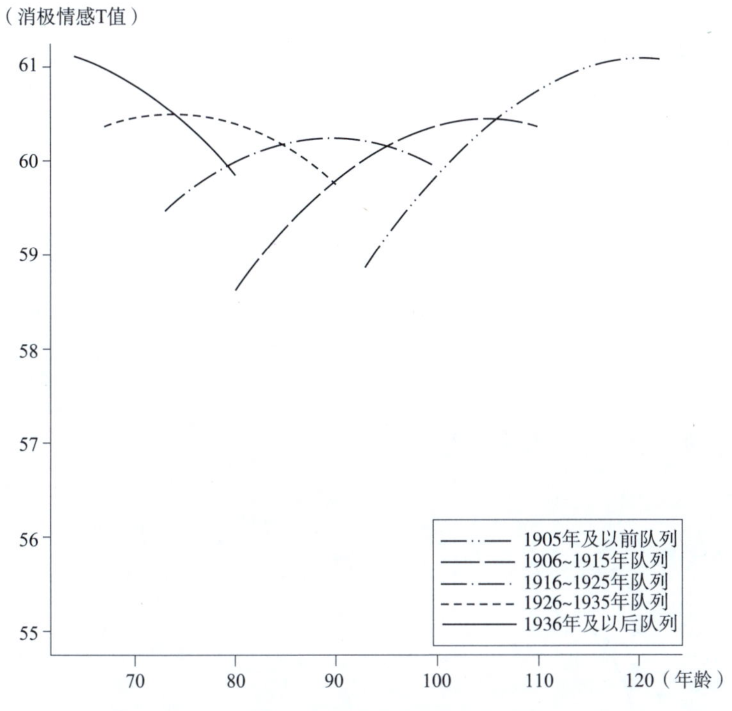

图 1－3　不同队列的消极情感的年龄别变化轨迹

（三）队列趋势

图 1－4 是根据表 1－8 的模型 3 画出的消极情感在平均年龄（88 岁）的预测值随队列的变化趋势图。模型 3 中截距模型中的队列的一次项和二次项均显著，因此呈现非线性的队列效应。老年人的消极情感在队列间呈倒“U”形曲线变化，即较早出生和较晚出生的队列有较高的消极情感，中间出生的队列的消极情感较低。这可能是由于 1905 年以前出生的队列在调查时已经超过 90 岁，处于人生的暮年，由于遭受功能缺损和患多种慢性病，可能更容易产生孤独和“越老越不中用”的情感。1936 年后出生的队列在调查时刚进入老年期不久，社会角色和社会关系的变化以及逐渐出现的功能衰退可能带来更多的负面情绪，使得他们有较高的消极情感，甚至比

最老的队列还高。中间出生的队列已经经历了社会角色、社会关系的转变,他们逐渐接受了这些转变以及生理功能的衰退这些现实,同时他们的健康状况比最老的队列好,因此他们的消极情感较1905年前出生和1936年后出生的队列要低。

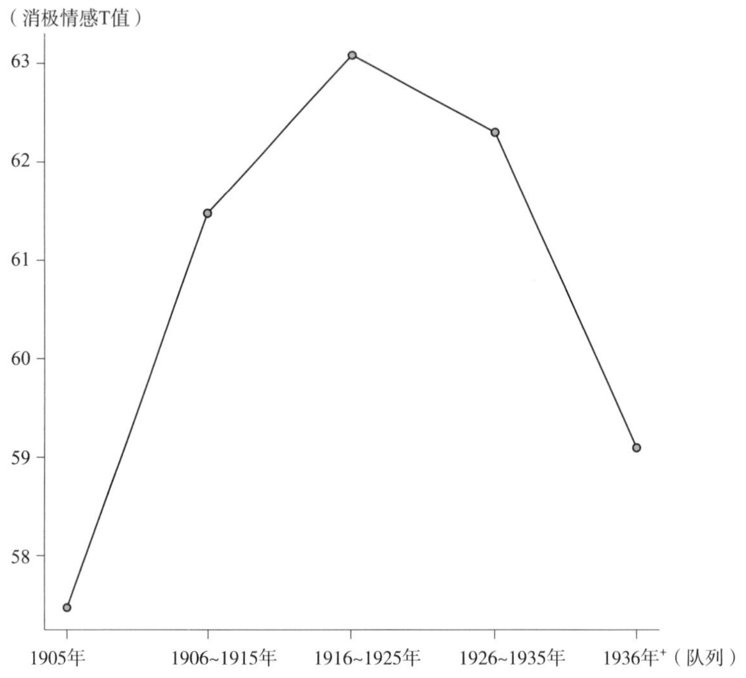

图1-4　消极情感在平均年龄(88岁)的预测值随队列的变化趋势

(四)其他变量对消极情感变化轨迹的影响

表1-8中的模型3的截距模型估计显示,性别与消极情感存在显著负相关,女性消极情感的T值比男性低0.801,女性有更高的消极情感。与居住在城市的老年人相比,居住在农村的老年人的消极情感更高。受教育程度在1年及以上的老年人的消极情感显著低于未受过教育的老年人,从事社会经济地位较高的职业的老年人的消极情感显著低于从事社会经济地位较低的职业的老年人。

在线性增长模型中,女性老年人的消极情感随年龄增加的下降速度与男性不存在显著差异。农村老年人的消极情感的下降速度显著低于城市老年人。受教育程度无显著影响。从事社会经济地位较低的职业的老年人的消极情感得分随年龄增加的上升速度比拥有社会经济地位较高的职业的老年人快。

总结而言,女性老年人的消极情感虽然显著高于男性,但消极情感的下降速度不存在显著的性别差异。农村老年人的消极情感不仅高于城市老年人,而且他们的消极情感随年龄增加的下降速度也比城市老年人慢。受教育程度虽然显著影响消极情感的水平,但是对消极情感随年龄的变化则没有显著影响。虽然从事社会经济地位较低的职业的消极情感显著高于拥有社会经济地位较高的职业的老年人,但随着年龄的增加,他们消极情感的下降速度也较快。

与有配偶的老年人相比,无配偶老年人的消极情感得分较低,消极情感明显更多。老年人的居住方式显著影响他们的消极情感。同与家人共居的老年人相比,独居老年人的消极情感较多,居住在养老院的老年人的消极情感则较少。这说明老年人在生活中需要陪伴,这有利于缓解他们的消极情感。而且居住在养老院可以避免其与子代间的矛盾,或是缓解“给子女添麻烦”带来的愧疚情绪。经济来源为退休金的老年人的消极情感最低,与其相比,经济来源依靠家人或者其他人的老年人的消极情感分别高出约2.09和1.93。生病照料者为亲人的老年人的消极情感明显低于生病照料者为其他人的老年人。在老年人最需要帮助的时候,家人、亲人的照料和情感慰藉会显著降低他们的负面情绪。如果照料者不是亲人,老年人的病痛会加剧他们的孤独感和抑郁情绪,因而有较高的消极情感。在生病时能够得到及时治疗的老年人的消极情感比不能得到及时治疗的老年人低近4.19,社会支持对缓解老年人的消极情感有重要作用。

认知能力缺损和生活自理能力较差的老年人的消极情感较高。老年人是否听得见、看得见也会显著影响他们的消极情感。与看得见的老年人相比,视力较差的老年人的消极情感较低;与听不见的老年人相比,听得见的老年人的消极情感较低。老年人的自评健康状况越差,消极情感也就越高。

活动参与程度显著影响老年人的消极情感,积极参与活动有益于缓解老年人的消极情感。此外,老年人在下一次调查时的状态同样影响消极情感水平。与在下一次调查中仍存活的老年人相比,下一次调查时失访或者死亡的老年人的消极情感也较高。消极情感较高的老年人,其死亡风险和失访率也比较高。

能否从椅子站起来、能否捡起地上的书和过去两年是否患过重病这三个变量对老年人的消极情感无显著影响。

四、老年人的生活满意度的变化轨迹及其影响因素

(一)无条件模型

无条件模型(表1-10中的模型1)中的层-1模型的随机效应均显著不等于0,说明老年人的生活满意度的变化轨迹除了受到年龄的影响外,还受到其他时变变量的影响。层-2模型的随机效应显著不等于0,说明截距和线性变化率在个体间有显著差异。生活满意度模型中包括的变量和情感模型中的一样,建模过程也一样。这样可以比较变量对自评幸福度的认知维度和情感维度的影响是否有差异。

表1-10　增长曲线模型估计的生活满意度的影响因素

变量	生活满意度		
	模型1	模型2	模型3
固定效应模型参数			
截距模型			
截距	47.722***	52.951***	42.008***

续表

变量	生活满意度		
	模型 1	模型 2	模型 3
队列		-6.234***	-2.673***
队列(二次项)		1.621***	0.863***
性别(男性=0)			0.655***
居住地(城市=0)			-0.318***
受教育程度(文盲=0)			0.060
职业地位(高=0)			-1.141***
线性增长模型			
年龄	0.029***	-0.529***	-0.193***
队列		0.287***	0.147***
性别(男性=0)			-0.006
居住地(城市=0)			-0.022***
受教育程度(文盲=0)			0.013
60岁之前从事的职业(高=0)			0.052***
二次项增长率			
年龄(二次项)	-0.000 86*	0.013***	0.005***
时变变量			
婚姻状况(有配偶=0)			0.889***
居住情况——独居(与家人=0)			-2.533***
居住情况——养老院(与家人=0)			2.544***
生活来源——家人(退休金=0)			-0.676***
生活来源——其他人(退休金=0)			-1.834***
生病时的照料者(亲人=0)			-1.493***
生病及时治疗(是=0)			-5.664***
认知能力(有缺陷=0)			0.506***
生活自理能力(有困难=0)			-1.414***

续表

变量	生活满意度		
	模型 1	模型 2	模型 3
视力(看得见 =0)			-0.038
听力(听不见 =0)			-0.028
能否从椅子上站起来(能站起来 =0)			-0.114
能否捡起地上的书(能捡起 =0)			0.019
过去两年重病(无 =0)			0.316***
自评健康——缺失(非常好 =0)			-8.901***
自评健康——不健康(非常好 =0)			-13.740***
自评健康——一般(非常好 =0)			-10.195***
自评健康——好(非常好 =0)			-6.414***
活动参与(参与 =0)			-0.102
下一次调查失访(存活 =0)			-0.049
下一次调查死亡(存活 =0)			-0.031
积极情感			3.967***
消极情感			1.041***
随机效应模型参数			
第一层:个体内部	98.79*	98.29*	76.84*
第二层:截距	25.23*	25.36*	8.32*
增长率	3.88 e-11*	2.12 e-11*	5.98 e-13*
观测数量	83 146	83 146	83 146
拟合度_AIC	634 385.2	634 122.3	605 113.7
拟合度_BIC	634 441.1	634 206.3	605 486.8

注:① *** 指 $P<0.001$, ** 指 $P<0.01$, * 指 $P<0.05$;②变量列括号内是参照组。

表1－11是根据表1－10中的模型1(无条件模型)计算的老年人生活满意度变化的差异分解结果。ICC结果分析显示,老年人生活满意度的变化的差异79.66%是由时间效应引起的,20.34%是由个体特征引起的。

表1－11　老年人生活满意度变化的差异分解

单位:%

ICC	生活满意度
时间效应	79.66
个体特征	20.34

(二)年龄趋势

表1－10中的模型1(无条件模型)显示,年龄的一次项系数和二次项系数均显著,系数分别为0.029和－0.000 86,表明老年人的生活满意度随年龄增加呈现倒"U"形变化趋势。模型2中控制队列效应后,年龄的一次项和二次项系数仍显著,但是两个系数的方向均发生改变,一次项系数由正数变为负数－0.529,二次项系数由负数变为正数0.013,老年人的生活满意度随年龄的增长由倒"U"形曲线变为"U"形曲线变化趋势。模型1和模型2中的年龄效应截然相反。模型1中呈现的年龄效应是混合了队列效应的年龄效应,这在一定程度上扭曲了老年人生活满意度的年龄效应。模型2中控制了队列效应后,真正的年龄效应才得以呈现。模型3中进一步控制社会人口特征、社会支持和健康状况后,年龄效应有所下降,但是老年人的生活满意度仍然呈现显著的随年龄增长的"U"形变化趋势。

图1－5是根据模型3的系数估计得出的各个队列老年人的生活满意度随年龄增长的变化趋势图。随着年龄的增加,1925年之前出生的队列的生活满意度呈先减速降低后加速增加的变化趋势。对于1926年之后出生的队列来说,他们的生活满意度随年龄增加呈加速增加的变化趋势,而且他们的生活满意度增加的速度快于出生较早的队列。这和队列的线性变化系数显著是一致的。

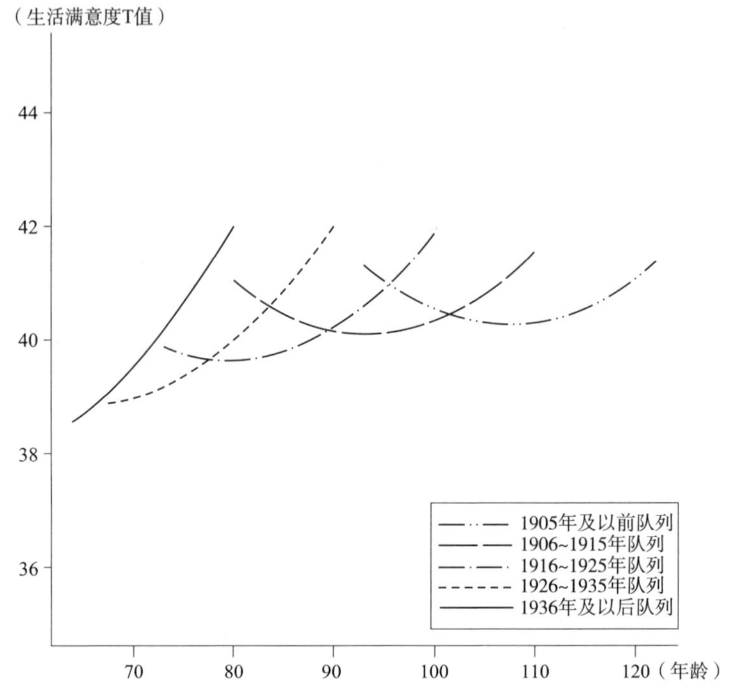

图 1－5　不同出生队列的生活满意度的年龄别变化趋势

（三）队列趋势

图 1－6 是根据表 1－10 的模型 3 画出的生活满意度在平均年龄（88 岁）的预测值随队列的变化趋势图。由于模型 3 中队列的一次项和二次项均显著，所以队列效应是非线性的。老年人的生活满意度在队列间呈“U”形曲线变化趋势，较早出生的队列和较晚出生的队列的生活满意度较高，中间出生的队列的生活满意度较低。

虽然生活满意度与积极情感的队列趋势大致相同，都呈“U”形曲线的变化趋势，但是在积极情感的队列趋势变化中，最晚出生队列在平均年龄时的积极情感低于最早出生队列，而在生活满意度的队列趋势变化中，最晚出生队列在平均年龄时的预测值高于最早出生队列。

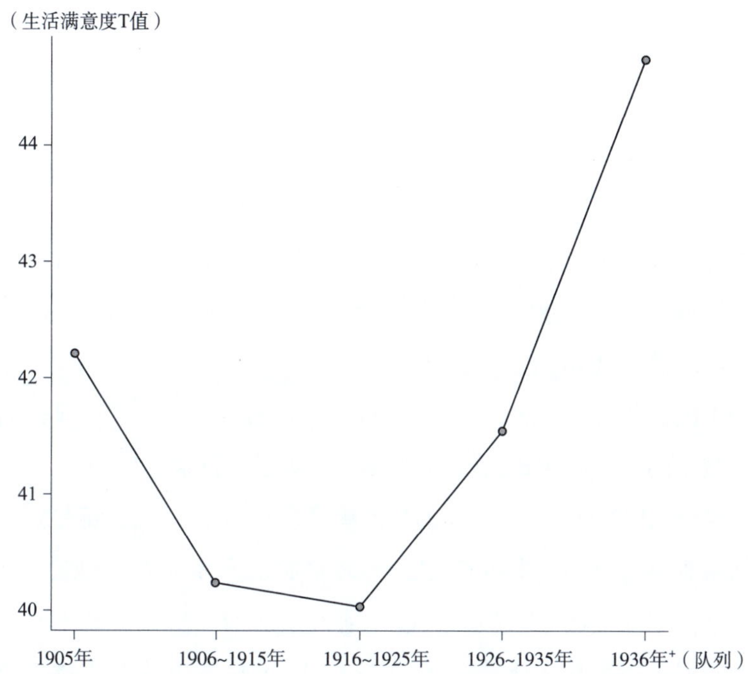

图 1-6　生活满意度在平均年龄(88 岁)时的预测值随队列的变化趋势

(四)其他变量对生活满意度变化轨迹的影响

模型 3 的截距模型结果显示(表 1-10),女性老年人的生活满意度显著高于男性老年人。农村老年人的生活满意度显著低于城市老年人。不同受教育程度的老年人的生活满意度不存在显著差异。从事社会经济地位较低的职业的老年人的生活满意度较低。

线性增长模型结果显示,随着年龄的增长,生活满意度的下降不存在显著的性别差异。受教育程度在 1 年及以上的老年人与未受过教育的老年人的生活满意度的变化率也不存在显著差异。农村老年人的生活满意度的下降速度比城市老年人更快。从事社会经济地位较高的职业的老年人的生活满意度的下降速度明显快于从事社会经济地位较低的职业的老年人。

总体来看,女性老年人的生活满意度明显高于男性,但随着年龄的增长,生活满意度的下降速度无显著的性别差异。城市老年人的生活满意度不仅高于农村老年人,而且他们的生活满意度的下降速度比农村老年人慢。受教育程度不显著影响老年人的生活满意度及其线性变化率。从事社会经济地位较高的职业的老年人虽然生活满意度较高,但他们的生活满意度下降速度快于从事社会经济地位较低的职业的老年人,这可能和从事社会经济地位较高职业的老年人对生活的要求较高有关,当他们的要求没有达到的时候,他们的生活满意度降低。

与有配偶的老年人相比,无配偶的老年人的生活满意度明显较高。与和家人共居的老年人相比,独自居住的老年人的生活满意度降低了2.53个标准差,居住在养老院的老年人的生活满意度提高了2.54个标准差。老年人生活来源显著影响其生活满意度,经济来源以退休金为主的老年人的生活满意度高于在经济上依赖家人或其他人生活的老年人。老年人生病时由亲人照料可提高其生活满意度,与其相比,生病时由他人照料的老年人的生活满意度降低5.66个标准差。生病时得到及时治疗能显著提高老年人的生活满意度。

认知能力没有缺陷的老年人的生活满意度高于认知能力有缺陷的老年人。与生活自理能力有困难的老年人相比,生活自理能力没有困难的老年人的生活满意度下降了1.41个标准差。过去两年患过重病的老年人的生活满意度高于未患过重病的老年人。这可能是由于患过重病的老年人在调查时已经实现了部分康复,对比患病时期的痛苦经历与康复的轻松,老年人可能会对生活满意度有较高的评价。从自评健康来看,与自评健康为“非常好”的老年人相比,自评健康为“好”“一般”“不健康”的老年人的生活满意度依次降低,自评健康为“不健康”的老年人的生活满意度比自评健康“非常好”的老年人的生活满意度低13.74个标准差。此外,积极情感与消极情感也显著影响老年人的生活满意度。积极情感高,老年人的生活满意度也高，消极情感低，生活满意度高。

视力、听力、能否从椅子上站起来、能否捡起地上的书这些感官功能和生理功能对生活满意度没有显著影响。活动参与程度和在下一次调查时的状态对老年人的生活满意度也没有显著影响。

总　结

一、结论

本研究使用CLHLS1998年、2000年、2002年、2008年、2011年、2014年的多重队列纵向跟踪数据，包括43 260个老年人个体，83 146次观测，追踪7次，历时16年，应用增长曲线模型，深入考察了老年人的自评幸福度的三个指标，即生活满意度、积极情感和消极情感的状况、关系、变化轨迹及其影响因素。研究发现，我国老年人的自评幸福度总体较好，生活满意度、积极情感和消极情感的均值介于一般和好之间，但是更靠近好。三个指标之间具有非常显著的相关关系，但是相关系数值较低。自评幸福度变化轨迹的差异大约80%归因于时间效应，这里的时间效应并不单指年龄效应，也包括健康状况、社会支持、活动参与等时变变量，其他约20%的差异是由个体特征导致的。生活满意度和积极情感的年龄效应和队列效应均呈现"U"形曲线的变化趋势，消极情感的年龄效应和队列效应均呈现倒"U"形曲线的变化趋势，说明年龄和队列的正向和负向影响在产生作用时，在不同的阶段是不同的，造成的合力的结果也不同。社会人口特征、社会支持和健康状况均是老年人自评幸福度的显著影响因素。老年人的自评幸福度是一个复杂的、多维度的综合指标，提升老年人的幸福感是一个复杂的系统工程，需要个人、家庭、社会各界、政府和国家的共同努力，协同合作。

（一）自评幸福度随年龄增长呈现显著的"U"形变化趋势

当分离了年龄效应和队列效应后，老年人的自评幸福度随年龄的增长呈现显著的“U”形变化，这虽然支持了以往的研究（Clark & Oswald，2006；李婷和张闫龙，2014），但是也和其他一些研究不同，如有研究认为年龄与自评幸福度或者是没有显著相关关系（自评幸福度的稳定性），或者是线性的相关关系（Diener et al，1999；Kunzmann et al，2000；Smith et al，2002；Stacey & Gatz，1991；骆为祥和李建新，2011；张伟等，2014）。这可能是由于已有研究中的年龄效应其实混杂了队列效应，而本研究使用多重队列纵向追踪数据和增长曲线模型，分离了年龄效应和队列效应，估算无偏差的年龄效应和队列效应。

当进一步控制了性别、城乡和受教育程度等其他社会人口特征、社会支持和社会关系、认知能力、生理功能、活动参与程度、自评健康水平等影响因素后，年龄效应仍然呈现显著的“U”形变化趋势：随着年龄的增长，自评幸福度减速下降，在下降到一定程度后，或者保持平稳，或者减速缓慢上升。自评幸福度作为一个兼具主观和客观的自评指标，并没有像老年人的其他生理功能或者认知能力这些客观指标一样，随着年龄的增长呈现单调的下降趋势（李强，2004）。自评幸福度的下降幅度很小，有的出生队列的自评幸福度甚至是上升的，如1936年以后出生的队列的积极情感在保持稳定中呈现缓慢的上升趋势，生活满意度呈现显著的上升趋势。1915年之前出生的队列的消极情感呈现显著的下降趋势。较晚出生的队列的积极情感和生活满意度随年龄增长的下降比较早出生的队列缓慢，消极情感下降的速度则比较早出生的队列更快。这其实反映了自评幸福度和年龄的复杂关系。衰退效应、角色丧失效应、同期群效应、成熟效应、选择性效应和自我调适效应可能都在产生作用，在老年期的不同阶段，有的效应的作用力大，自评幸福度更多地呈现该效应主导的变化趋势。比如，在进入老年初期时，随着生理功能的衰退，面对退休带来的社会角色和关系的改变，衰退效应和角色丧失效应等负向影响的作用增大，而年龄的成熟效应和自我调适效应等正向效应的作用相对减小，老年人的自评幸福度呈现下降的趋势。随着年龄的增长,老年人逐渐适应生理功能的衰退及社会角色和关系的改变,成熟效应和自我调适效应增强,衰退效应和角色丧失效应相对减弱,老年人的自评幸福度保持平稳,随着年龄的进一步增长,生理功能的衰退愈加明显,衰退效应和角色丧失效应与成熟效应和自我调适效应不断彼此抵消,同时选择性效应和同期群效应逐渐增强,老年人的自评幸福度可能会依旧保持稳定,或者呈现非常缓慢的上升态势。

(二)自评幸福度随队列呈现显著的"U"形变化趋势

本研究通过比较每个队列在样本的平均年龄(88 岁)时所估计的自评幸福度来考察队列效应。研究发现,自评幸福度的队列效应呈现显著的"U"形趋势,较早出生和较晚出生的队列在 88 岁时的积极情感和生活满意度高于中间出生的队列,但是消极情感也高于中间出生的队列。队列效应可能受到老年人的自我调适系统的影响(Heidrich & Ryff,1993)。自我调适系统具体包括三个方面:老年人对自己的定位、老年人与他人的比较以及老年人对现实与期望之间差异的调整。比如,如果高龄队列将自己的健康状况定位为低于比自己年轻的人或者低于自己年轻时,那么当他们面临健康衰退的时候,可能会以一种平常的心态接受,现实和期望的差异比较小,因而自评幸福度保持稳定,至少不会出现大幅度的下降。这就解释了为什么最老的队列(1905 年前出生的队列)有较高的生活满意度和积极情感。也可能受到选择性生存因素的影响(李婷和张闫龙,2014),相比于出生较晚的队列,出生较早的队列中那些比较悲观、焦虑的老年人已经死亡,存活的老年人在经历较多苦难后更加乐观,积极情感和生活满意度较高,消极情感较低。

(三)老年人的社会人口特征显著影响他们的自评幸福度

女性老年人的积极情感和生活满意度高于男性老年人,但是消极情感也高于男性老年人。这可能是社会角色的性别差异导致的,女性更善于体验和表达情绪的变化(Fujita,1991)。如果遇到消极负面或者难以控制的事情时,女性可能比男性更加难以排解消极情感;如果遇到积极正面的事情,女性可以感受到比男性更强烈的快乐和幸福感(Wood,1996)。随着年龄的增加,女性老年人的积极情感的下降速度显著低于男性老年人,这可能是衰退效应和角色丧失效应的性别差异的体现,但消极情感和生活满意度随年龄的变化率不存在显著的性别差异。

居住地的城乡属性对自评幸福度的影响显著且稳健。城市老年人的积极情感、生活满意度均高于农村老年人,两个指标随年龄增长下降速度低于农村老年人;城市老年人的消极情感低于农村老年人,且随年龄增长下降的速度也比较快。城市老年人的自评幸福度在水平和随年龄的变化率方面均处于优势。这可能是由于我国社会结构性资源的匮乏导致的。城市地区在公共服务设施、医疗健康卫生条件等方面都优于农村地区,所以居住在城市的老年人获取资源更加便捷,这有利于城市老年人保持较高的自评幸福度。这与以往研究中的城市老年人的自评幸福度高于农村老年人一致(王希华和周华发,2010)。但是与其他一些研究结论不一致,如之前研究得出农村老年人的生活满意度较高,是因为城市老年人对生命质量的高期望降低了他们的生活满意度(金岭,2011;刘吉,2015)。与本研究比较来看,已有研究大多为横向研究,纵向研究的追踪次数也仅有两次,而且未分离年龄效应和队列效应,研究对象的平均年龄较低,均在 70 岁左右。这些差异可能导致了研究结果的不同。

受教育程度高的老年人有较高的积极情感和较低的消极情感,受教育程度与生活满意度没有显著的相关关系,这和以往的研究一致(高红英和苗元江,2008;贺寨平,2002;刘吉,2015;刘仁刚和龚耀先,2000;陶裕春和李卫国,2017)。从变化率来看,受教育程度较高的老年人的积极情感的下降速度较快,但这一差异没有体现在消极情感和生活满意度的变化率上。

老年人曾经从事的职业的社会经济地位越高,他们的积极情感和生活满意度越高,消极情感越低。他们的消极情感随年龄增长下降的速度较慢，生活满意度随年龄增长的下降速度较快，积极情感的下降速度没有显著差异。这可能是因为曾经从事的职业社会经济地位较高的老年人的消极情感较低，曾经从事的职业社会经济地位较低的老年人的生活满意度和积极情感较低，它们进一步下降的空间比较小，因而二者反而呈现较慢的下降趋势。这和以往研究认为的老年人的职业对生活满意度的影响并不显著的结论有差异（贺寨平，2002）。这可能和本研究中对老年人的职业分类和其他研究不同有关，也可能和分析的研究设计不同有关。该研究样本量较少，仅有一次观测数据，研究对象均为农村老年人，而且未分离年龄效应和队列效应，因此其结果在很大程度上会与本研究产生差异。

与有配偶的老年人相比，无配偶的老年人的积极情感更低，消极情感更高。无配偶的老年人可能因缺乏来自配偶周到细致的关怀照顾和亲近的情感交流，进而导致积极情感下降，孤独感和消极情感上升（刘吉，2015）。

（四）社会支持对自评幸福度的影响

反映社会支持的变量均显著影响自评幸福度的三个指标，这和以往的研究一致（Chalise et al，2007；Markides et al，1986；宋佳萌和范会勇，2013；吴捷，2008）。

我们的研究发现，与家人居住在一起的老年人的自评幸福度最低，居住在养老院的老年人的自评幸福度最高，独居老年人的自评幸福度处于中间水平。随着社会经济的转型，居住方式的转变，家庭结构和家庭关系的变化，"天伦之乐"的意义可能已经发生转变，亲代和子代都希望可以按照自己的意愿安排生活，拥有独立自主的生活空间（石金群，2016）。与家人居住在一起的老年人，代际的矛盾可能会降低老年人的自评幸福度，而独居或者居住在养老院在满足老年人追求个体自由生活需求的同时，也缓解了"给子女添麻烦"带来的消极情感（杨善华和贺常梅，2014）。

以退休金为主要生活来源的老年人的积极情感和生活满意度更高，消极情感更低。这反映经济上的独立自主对老年人的自评幸福度有积极的促进作用。老年人生病时由家人照料可显著提高其生活满意度,降低其消极情感,对积极情感无显著影响。生病时能得到及时治疗有利于增加老年人的积极情感和生活满意度,降低消极情感。能够及时获得治疗说明老年人的社会经济状况较好,获得的社会支持较多,这些都有效地提高了老年人的自评幸福度。

(五)健康状况对自评幸福度的影响

本研究发现老年人的认知能力和自评健康均显著影响自评幸福度的三个指标,认知能力没有缺陷、自评健康状况较好的老年人的自评幸福度较高,这和以往的研究一致(George & Landerman,1984; Okun et al,1984; Watten et al,1997;李强等,2004)。但是,生活自理能力、感官和生理功能、患病情况、活动参与程度和在下一次调查时的状态与自评幸福度的关系显示,健康状况与自评幸福度的关系并不如我们想象的简单,“健康状况好,自评幸福度就好,或者健康状况较差,自评幸福度就差”,有些健康指标与自评幸福度的关系表明,该健康指标反映的健康状况较好,但是与之相应的自评幸福度反而较低。

以往的研究在探讨健康对自评幸福度的影响时提出了三种可能的影响机制。机制一,根据自评健康对自评幸福度稳健而显著的影响,有学者提出,自评健康对自评幸福度的影响实际上反映的是情感调节水平对自评幸福度的影响(Diener et al,1999)。机制二,根据老年人普遍面临身体功能衰退,但是同时又保持较高的自评幸福度水平,可能是老年人的自我调适系统保护老年人在面临健康衰退时保持较好的自评幸福度(Heidrich & Ryff,1993)。机制三,有些研究认为健康是通过活动参与程度而对自评幸福度产生影响的(Kivett & Scott,1979;Zautra & Hempel,1984)。本研究显示这三种机制在健康对自评幸福度的影响中都发挥作用,这可能是因为本研究中自评幸福度和健康状况都是多维度测量的,不同维度之间的关系体现了不同的影响机制，呈现二者全面的关系谱。也可能是由于老年人在健康状况方面存在很大的个体异质性，因此这些机制在健康状况不同的老年人中产生影响的方式和内容也是不同的。

自评健康被认为是一个能够综合反映健康状况的变量（Deeg & Bath, 2003; Idler & Benyamini, 1997），它不仅能够测量老年人的身体健康，还能够测量老年人的情感调节水平。而且这一指标可能包含了某些我们没有观测到的健康状况，还可能反映了老年人对自己健康状况变化的评价（Deeg & Bath, 2003）。因此，自评健康对自评幸福度的显著且稳健的影响不仅反映了情感调节水平对自评幸福度的影响，也代表了我们所不能观测到的健康状况和健康状况的变化对自评幸福度的影响（Diener et al., 1999）。

生活能够自理的老年人消极情感较少，这可能是由于他们可以照料自己，管理自己的生活，对家人和子女在生活照料方面的需求低，没有强烈的"越老越不中用"的感觉，因而有较低的消极情感。也有可能是生活能够自理的老年人能够参与感兴趣的活动，拓展社会关系，从而有效降低了消极情感，这和以往的一些研究结论相似（刘仁刚和龚耀先，2000；瞿小敏，2015）。但与已有研究存在差异的是，本研究结果显示生活自理能力对积极情感无显著影响，且生活能够自理的老年人有较低的生活满意度。对此，可能的解释是，这反映了与生活自理能力相联系的生活环境对自评幸福度的影响。具体而言，生活自理能力较好的老年人一般均可以照顾自己，管理自己的生活，对家庭和社会的照料支持的需求较少，也就缺乏由这种照料支持带来的心理满足感和快乐等，而且这类老年人对生活的要求可能也比较高，当现实难以达到期望的目标时，他们会感到对生活失望，因而可能倾向于报告较低的生活满意度。生活自理能力较差的老年人需要家庭和社会的支持和照料，当这些需求得以基本满足时，会有较高的生活满意度。

感官功能显著影响老年人的积极情感和消极情感。听力较好的老年人的积极情感更高，消极情感更低；视力较好的老年人的积极情感较高，但

是消极情感也高。这反映了老年人的自我调适系统和视力所联系的生活环境对自评幸福度的影响。视力较差的老年人看到不利信息的风险较低，而视力较好的老年人看到不利信息的风险较高，这些不利信息的积累，可能会导致老年人消极情感的增加，但同时他们也会看到较多有利的信息，所以积极情感会高于视力较差的老年人。

过去两年内是否患过重病与积极情感和生活满意度呈现显著负相关关系，没有患过重病的老年人的积极情感和生活满意度低于患过重病的老年人，这可能是死亡和健康选择性所致。患过重病的老年人有较高的死亡率，部分患过重病的老年人已经死亡，没有进入我们的观测。还有的患过重病的老年人虽然存活了下来，但是健康状况可能很差，不能回答自评幸福度的问题，成为缺失值，没有进入分析。进入我们研究的老年人经过死亡和健康的选择，他们至少已经实现了部分康复（至少已经出院、在家休养，并能够接受我们的问卷调查），这些老年人在对比康复的轻松和患重病时的痛苦后，可能会变得乐观、快乐，以宽容的态度看待生活，因而倾向于报告较高的积极情感和生活满意度，这部分老年人又体现了自我调适系统的保护作用。

积极参与活动有利于提高老年人的积极情感，降低老年人的消极情感，但是对老年人的生活满意度无显著影响，这与以往的研究结论一致（李强，2004）。

老年人在下一次调查时的状态显著影响老年人的积极情感和消极情感，对生活满意度无显著影响。与在下一次调查时仍存活的老年人相比，失访或死亡的老年人的积极情感较低，消极情感较高。这个变量没有专门测量健康的某个方面，而是一个总体的指标，可以反映观测不到的健康特征，也可以反映选择性的影响。它对自评幸福度的影响不及自评健康的影响那样显著和稳健，因为它的客观性更强。

我们的研究表明，将积极情感、消极情感和生活满意度分别分析是合理的。第一，积极情感、消极情感和生活满意度虽然有显著的相关关系，但是相关系数比较小，不是强相关。第二，它们的变化轨迹有差异。第三，影响因素的作用方向和显著度也不完全相同，如生活能自理的老年人倾向于报告较低的消极情感、较低的生活满意度，与积极情感没有显著的相关关系。另外，个体特征对积极情感和消极情感在观测期内的平均变化率的影响是不同的，如女性老年人的积极情感下降的速度较慢，但她们的消极情感的下降速度与男性老年人无显著差异。

二、本研究的实践意义

首先，本研究强调为老年人营造一个良好的生活环境的重要性。相比于农村老年人，城市老年人在自评幸福度的三个指标上均处于优势，这是城市和农村之间存在的社会资源的结构差异所致。在健康对自评幸福度影响的研究中，我们发现生活自理能力和视力与自评幸福度表现出负相关关系。生活自理能力较好的老年人倾向于报告较低的生活满意度。视力好的老年人的积极情感较低，消极情感较高。这一结果的发生与老年人的生理功能状况所联系的生活环境有比较密切的联系。生活自理能力较好的老年人获得的家庭和社会的照护和支持相对比较少，因而缺乏由于获得照护和支持而产生的心理满足感和愉悦感，而且他们对生活的期望也比较高，当现实中的生活环境难以达到老年人期望的目标时，他们倾向于报告较低的积极自评和生活满意度。视力是老年人获取信息、与外界沟通的重要途径，通过视力看到的消极负面信息不利于老年人保持较高的自评幸福度。因此，营造一个适于老年人较好生存和生活的环境可以帮助老年人保持较好的自评幸福度。

其次，本研究指出预防性的干预措施及康复性与护理性的干预措施对提高老年人生命质量的重要意义。关于预防性的干预措施及康复性和护理性的干预措施的重要作用，有研究指出，在美国，40% 的死亡与行为方式有关，可以通过预防性干预避免，10% ~15% 的死亡通过提高医疗护理的质量可以避免(曾毅和顾大男，2002)。以研究中发现的过去两年内是否患过重病与积极情感和生活满意度的关系为例，过去两年内患过重病的老年人有较高的积极情感和生活满意度。为什么老年人经过病痛的折磨后反而有较好的积极情感和生活满意度？除了死亡和健康的选择性之外，还可能是因为过去两年内患过重病的老年人，通过康复性和护理性的干预措施使得健康水平(部分)恢复，他们因而比较乐观，甚至很喜悦，所以倾向于报告较高的积极情感和生活满意度。康复性和护理性的干预项目对曾经患过重病的老年人恢复健康、保持较高的自评幸福度都有积极的促进作用。

除此之外，本研究有关活动参与程度与自评幸福度的关系也有比较重要的实践意义。Rowe、Kahn(1987、1997)提出的成功老龄化的模型指出，提高生活的参与度是实现成功老龄化的重要手段。我国老龄工作的具体目标“五个老有”中的“老有所为、老有所学”涉及活动参与程度对老年人的重要作用。本研究中，活动参与程度对老年人的自评幸福度有显著的促进作用。活动参与程度高的老年人有较高的积极情感和较低的消极情感。值得指出的是，活动参与程度的积极促进作用是在控制诸多重要的健康变量的基础上存在的。这一发现对老年人自身有重要的意义。老年人如果能够提高活动参与程度，无疑有益于提高他们的生命质量。我们测量活动参与程度的指标包括做家务、种花养鸟、读书看报、听广播、看电视、与朋友聊天、参加社会组织活动等，这些活动都属于比较普通的活动，不需要复杂的工具辅助，老年人在自家或者社区中就可以完成。另外，这一发现对健康照料者和政策制定者也有重要的意义：在制定政策方面鼓励发展一些辅助老年人提高活动参与的措施，如在社区中建设一些活动设施，提高老年人的活动参与程度，以期提升他们的幸福感。

三、研究中存在的不足以及研究展望

首先，本研究使用的调查数据中自评幸福度的测量并没有采用完整的心理量表，因此对自评幸福度的测量的深度和广度不足。虽然我们的测量涉及了自评幸福度的几个主要方面，这几个方面之间在统计上有较好的效度和信度，能够一定程度上较好地反映高龄老年人的自评幸福度水平及其变化，但是与完整的自评幸福度量表的测量水平尚有差距。

其次，在自评幸福度的测量中，只有生活满意度在7次观测中保持完全一致，测量积极情感和消极情感的7个问题在2000年和其后的调查中为了提高这部分数据的质量，改变了提问方式。在纵向研究中，为了分析的有效性，一般要求问题的提问方式和回答方式在各次观测中尽量保持一致（Singer & Wallit，2003）。但是，在一些纵向研究中，如英国的OLSAR研究，在意识到保持测量的一致性之前，一些指标的测量就发生了变化。在这种情况下，如果发生测量变化的数据能够通过基本的逻辑判断和实证检验，数据应用便不会造成模型估计存在不可接受的偏差（Chen & Short，2008；Levy et al，2002）。在我们的研究中，因子分析表明，这7个问题在7次观测中都产生2个潜在变量：积极情感和消极情感，而且信度和效应检验结果较好。同时，我们有关积极情感和消极情感的研究发现是符合逻辑和基本学理的判断和检验的，并且和以往一些有关的研究保持一致（Charles，Reynolds & Gatz，2001；Ferring & Filipp，1995；Kunzmann et al，2000；Smith et al，2002）。

此外，有些研究指出，人格特征是影响自评幸福度最重要的变量（Cotter & Fouad，2011；Diener et al，1999；Isaacowitz & Smith，2003）。本文的数据来源中没有测量人格特征的量表，因而不能考察人格特征对自评幸福度与健康长寿关系的影响。但是也有研究指出，人格特征与自评幸福度的显著关系是因为两者在测量方面存在许多重合，因此不宜将人格特征认为是自评幸福度的最显著的影响因素（Lawton，1984）。

尽管存在以上这些缺陷，但是我们应用大样本的多重队列纵向追踪数据，测量7次，跟踪16年，对老年人的自评幸福度及其影响因素进行了比较深入的探讨。本书的研究发现也有助于我们更深入和全面地认识我国老年人的自评幸福度。老年人的自评幸福度是一个复杂的、多维度的综合指标,提升老年人的幸福感是一个复杂的系统工程,不仅需要为老年人营造良好的生活环境,提供充足的经济资助和生活照护,还需要有针对性地开展情感方面的慰藉。这不是个人和家庭能够单独完成的,需要社区、社会和国家的联动形成合力,协调合作,共同努力。

第二部分

子女数量和质量对父母自评幸福度的影响

引　言

我国历来就有“多子多福”和“养儿防老”的观念。传统社会的经济生产方式是以耕种为主的小农经济，父母的养老问题便寄托于子女，尤其是儿子身上，以此提高家庭的社会经济水平、保障父母晚年生活，这是封闭的农业经济社会背景下老年人的生存策略（费孝通，1983）。许多研究结果也显示，子女数量的增加确实有益于老年人的赡养，包括经济支持、生活照料和情感慰藉（Mutharayappa，1997；郭志刚和张恺悌，1996）。

但是，随着我国社会经济的发展、社会观念的改变、社会保障体系的不断完善，父母的福祉和养老保障已经不完全依靠子女的数量，多子多福的社会经济土壤已经发生了变化（慈勤英和宁雯雯，2013；石智雷，2015）。现实中，许多老年人虽然有多个子女，但是子女间互相推诿，无人赡养父母，多子未必多福。子女的受教育程度而非子女的数量对提高农村老年人的生命质量有积极的影响作用(石智雷,2015)。老年人与至少一个子女经常互动,有亲密的情感交流,才有可能拥有积极的生活态度(Van Gaalen,Dykstra & Flap,2008)。我国从 20 世纪 70 年代开始实行计划生育政策,到 2007 年年末,我国独生子女人数已超过 1.5 亿人,且以每年约 500 万人的速度递增,独生子女户占全国家庭户总数已超过 1/3(杨书章和王广州,2007;周美林和张玉枝,2011)。计划生育政策的执行不仅改变了人们的生育行为和生育观念,也影响到了传统赋予家庭的资源积累和结构功能(石智雷,2014)。由于生育政策的限制,父母无法获得期望中的子女数,他们转而会投资子女的学业和工作,以期提高子女的"质量"。当子女在学业或者工作上获得突出成就时,父母可能会获得很好的经济回报,也会产生很大的心理满足感和幸福感(Lee,2017)。

子女数量和质量与父母的福祉的关系在生育决策和家庭经济学中的研究和讨论很多(Angrist & Evans,1998;Lundberg & Rose,2002;Mutharayappa,1997;费孝通,1983;李银河,2009),但是对父母的生命质量的影响的讨论和研究比较少(Ng et al,2010;石智雷,2015;周军燕,2012)。而且,以往的研究中子女质量的代理变量多用子女的受教育水平,子女的收入水平则被忽略了(牛楠和王娜,2014;石智雷,2015),但是子女的收入水平同样是反映子女社会经济状况的重要变量(Blau & Duncan,1967)。此外,以往研究中的生命质量多是较为客观的指标,如身体健康、居住环境、经济水平等。随着人们生活水平的提高,物质极大丰富,人们对生命质量的追求由增加物质财富向更高的需求转型升级,如提高精神享受(张翼,2016)。因此,父母的福祉不仅应该包括父母生命质量的客观方面,也应该包括主观方面。自评幸福度作为一个兼具主观性和客观性的指标,成为衡量人们生命质量的重要指标,它不仅能够反映人们的物质生活水平,也能体现其精神生活的满足(Diener,2000)。本部分将在以往研究的基础上,深入剖析子女数量和质量对父母自评幸福度的影响,推进代际关系和幸福感的研究。

第一节　文献回顾

一、子女数量、代际支持与父母的自评幸福度

费孝通提出,中国家庭成员关系或代际关系属于"抚养—赡养型",也可概括为"反馈模式",即甲代抚育乙代,乙代赡养甲代;乙代抚育丙代,丙代赡养乙代(费孝通,1983)。一般而言,老年人获得的代际支持和福祉水平会随子女数量的增加而上升(Pei & Pillai,1999)。郭志刚等(1996)估算出老年人获得的供养费随着子女数量的增加而增加。Angeles(2010)也发现孩子对其父母的生活满意度有显著正向的作用,生活满意度随子女数量的增加而增加。

随着工业化、现代化的推进,和亲属集团有着密切关系的大家庭逐步由亲属集团相对疏远的小家庭取代。20 世纪 90 年代以来的很多实证研究显示,子女数量只是子代赡养父代的一个影响因素,其效应可被其他因素缓冲或强化(夏传玲和麻凤利,1995),多子女的父母不一定有更多的代际支持。子女数量的增加更可能带来养老责任的推诿、财产纠纷等问题。所以子女或儿子数量的增加在养老方面没有发挥明显的作用,这在一定程度上颠覆了传统的"多子多福"和"养儿防老"的观念(Watson & Kivett,1976;杜鹏和曲嘉瑶,2013;石智雷,2015)。由此可见,子女数量多只能说明照料老人的潜在人数多,究竟潜在照料人数有多大比例转化为实际照料人数还受许多外在条件的制约,如子女对父母的孝心、代际的居住方式、子女的社会经济地位等(夏传玲和麻凤利,1995)。

计划生育政策的实施导致代际关系的重心下移,45 ~ 59 岁处于中年阶段的父母更加注重子代的抚养,子代随后也出现了"回归主干家庭""啃老"

等现象（沈奕斐，2010；石金群，2015），因此，中年父母的生活压力可能会随子女数量的增加而增加（石智雷，2015）。基于此，本研究提出以下假设。

假设1：子女数量越多，老年父母的自评幸福度越高。

假设2：子女数量越多，中年父母的自评幸福度越低。

我国农村地区的经济水平和社会保障水平虽得到显著提高，但与城市的发展程度仍存在显著差距（齐红倩和席旭文，2015）。因此，子代对农村老年父母的经济供养的重要性高于城市老年父母，子女数量的增加更有可能提高其生命质量（夏传玲和麻凤利，1995）。对于社会保障相对充足的城市老年父母来说，他们更重视与子女的情感交流（杨善华和贺常梅，2004），因此子女数量的增加可能会带给他们更多的精神慰藉。但是对于农村的中年父母来说，子女在教育、就业和婚姻方面对父母的依赖非常大（石智雷，2015）。特别是当子女在城市接受教育、就业和结婚，农村中年父母不得不辛苦劳作，或者到城市打工和抚养孙辈来支持子女，生活压力由此增加（宣朝庆和韩庆龄，2015），生活满意度可能会下降。相比较来看，城市父母的经济独立性较强，更关注子女的学业和成就（王甫勤和时怡雯，2014），因此子女数量对他们幸福度的影响可能相对较小。基于此，本研究提出以下假设。

假设3：子女数量越多，农村中年父母的自评幸福度越低。

假设4：子女数量对城市中年父母的自评幸福度无显著影响。

假设5：子女数量越多，农村和城市老年父母的自评幸福度越高。

二、子女质量、代际支持和父母的自评幸福度

法国社会学家阿森·蒙特罗（1890）最早提出了社会地位与生育意愿相关的理论，即著名的“社会毛细血管理论”。他认为每个社会人都有向上层社会流动的动机，这种动机就像灯芯里面的油，沿着火向上自然流动。然而家庭的社会地位要想像毛细血管那样向上流动，不得不节制生育，减

少出生子女数，为家庭及子女未来的社会经济地位上升打下基础。子女社会经济地位的上升源于早期接受正规高质量的教育，为了集中优势资源，需付出减少子女数的代价。

莱宾斯坦(1957)首次提出了子女价值概念的雏形，是负效应理论的开创者。他提出工业社会抚养子女的成本高于子女创造的经济价值，为减轻家庭负担提高家庭生命质量，人们主动选择减少生育数量。弗瑞德曼(1967)在20世纪70年代正式提出了子女价值这一概念，并构建了认识子女价值的9种因素，包括父母满意程度、子女社会经济地位、传统和社会保障、生育动机和目的、子女在家庭中承担的角色、延续社会、幸福与爱情等方面。

奥肯创建了孩子价格模型，他认为当家庭收入和支出提高时，花费在孩子身上的费用会发生变化，这一变化反映孩子与其他消费资料的相对价格发生了变化(大渊宽等，1988)。

贝克尔(1960)在奥肯的孩子价格模型的基础上，对模型进行了改进，提出了收入正效应理论：当抚养子女总费用高于从子女处获得的总收入时，孩子是消费资料；反之，孩子是生产资料。当收入水平提高时，人们更倾向于多生育孩子。然而，此理论无法解释欧洲国家在收入增加时人们却减少生育子女的现象。此后贝克尔又提出孩子数量—质量转化理论，家庭收入与对优质产品的需求呈正相关，此时高质量孩子就等同于优质产品，家庭更愿意拿出更多的金钱用于提高孩子的素质，以提升孩子的价值。著名的经济学家汉纳谢克(Hanushek，1992)提出，当父母的单位时间价值提高后，他们更不愿意多生育子女，以免损失时间成本降低自身收入。面对当前激烈的职场竞争，许多大龄青年不愿结婚生子正是出于对时间价值提升受阻的担忧。

霍夫曼等人(Hoffman，Thornton & Manis，1978)的研究将孩子为父母带来的主观幸福感分为9类，即与孩子的密切关系所带来的归属感和情感上

的满足、陪伴孩子成长过程中获得的新鲜感和趣味、生命得以延续的安全感、获得成年人身份的满足感、创造生命和养育孩子长大成人的成就感、为养育孩子无私付出的道德优势、孩子能够提供家庭劳动力以及养老的保障感、能够影响孩子的权威感、拥有较强生育能力的荣誉感。其中，孩子能够提供家庭劳动力及养老的保障感不只需要较多的孩子数来实现，在家庭资源有限的情况下，父母更期待子女中至少一人顺利升迁，以提升家庭整体的社会经济地位和自身生活保障（石智雷，2015）。随着经济快速发展、生活水平逐步提高和孩子抚养成本的增加，人们逐渐意识到孩子质量的重要性，在生育决策过程中表现为注重提高子女质量。以质量取代数量，择优培育的现象在发展中国家也比较常见（Gonzalez，1991）。

随着社会的发展，科技的进步，教育逐渐成为人力资本的核心组成部分，也是人们获得社会经济地位的重要影响因素。人力资本理论认为，在自由竞争的市场环境中，知识技能与生产效率、经济效益呈正比，即教育程度越高，个体获得高收入的可能性越大（Mincer，1974；黄嘉文，2013）。收入水平也是社会经济地位的重要组成部分。相较而言，收入水平较高的人往往拥有较高的生活满意度、更高的预期寿命、更多的社会资源、处于更好的社会阶层等（贺寨平，2002；李春玲，2002）。因此，子女受教育程度高、收入高，也意味着子女的人力资本高、子女质量高，对父母的经济支持和精神慰藉可能也高（狄金华等，2014）。因此，父母对子代的教育更加重视（黄超，2017；王甫勤和时怡雯，2014）。

在工业化、城市化、计划生育政策的推行等方面因素共同作用下，我国家庭规模在缩小、家庭结构在改变、代际关系在重塑（杨菊华和李路路，2009）。我国传统意义的“孝”的内涵已经发生改变，有退休金的父母对子女的需求不在于“养”，而是情感方面的慰藉，子女努力去实现父母对自己的期望逐渐成为“孝”的新内容（谢桂华，2009；杨善华和贺常梅，2004）。当子女在学业或者工作上获得突出成就时，父母会备感欣慰（Bonsang，2007；

徐勤,1996;杨善华和贺常梅,2004)。而且,子女受教育程度的提高对提升父母的健康水平和生活满意度均具有正向作用,对子女的教育投资成为父母改善晚年生活条件的有效策略(De Neve & Harling,2017; De Neve & Kawachi,2017; Lee,2018)。此外,当子女的社会经济地位提高时,父母认为自己的社会经济地位也会随之提高,这有利于提高其自评幸福度(贺寨平,2002;石智雷,2015),基于此,本研究提出假设6。

假设6:子女的受教育程度越高,老年父母的自评幸福度越高。

但是部分中年人的子女仍处于受教育阶段,或者刚刚就业,代际关系处于养育阶段结束到赡养阶段的漫长过渡期,该期间代际关系的维系则更加依赖于亲代无私的付出(许琪,2017)。对子代的培养和付出可能导致父母的生活压力进一步增大,子女的受教育程度高带来的父母的满足感可能会被较大的生活压力带来的负面情感抵消,基于此,本研究提出假设7。

假设7:子女的受教育程度会提升中年父母的自评幸福度,但是对子代的培养和付出带来的生活压力会抵消正影响,从而表现出统计上的不显著性。

子女的受教育程度对父母幸福度的影响在不同的时期可能是不同的,但是子女收入的正影响是直接的,收入高的子女可以给予父母直接的经济回报和生活保障,减轻父母的生活压力,提升他们的自评幸福度,因此,本研究提出假设8。

假设8:子女的收入越高,父母的自评幸福度越高。

分城乡来看,城市与农村居民处于不同的社会结构和劳动力市场,受到不同的自身条件的束缚,由此形成了对教育回报的不同判断。对城市父母来说,教育是职位获得、晋升以及获得更高社会地位的必要条件,是重要的人力资本,由此,城市父母对子女的教育持更积极的态度(黄超,2017)。此外,城市老年父母的经济自主能力更强,与经济支持相比,老年人更看重的是代际的沟通与交流(夏传玲和麻凤利,1995)。基于此,本研究提出以下假设。

假设9:子女的受教育程度越高,城市父母的自评幸福度越高。

假设10:子女的收入水平显著影响城市中年父母的自评幸福度,但是对老年父母的自评幸福度无显著影响。

相比较而言,进城务工的农民工身处城市的次要劳动力市场,其职位对受教育程度的要求不高,受教育程度为他们带来的职业地位和收入提升的作用也较为有限(李春玲,2006;吴愈晓,2011),因此,农村家庭对子女的教育期望低于城市家庭(刘保中等,2014)。农村地区的父母可能更期待子代给予其物质经济方面的帮助,子女的经济支持不仅可以改善老年人的生活状况、缓解经济危机带来的压力,也可以为老年人带来心理的满足感,以此提高父母的自评幸福感(张文娟和李树茁,2005)。基于此,本研究提出以下假设。

假设11:子女的受教育程度对农村父母的自评幸福度没有显著的影响。

假设12:子女的收入水平显著影响农村父母的自评幸福度。

三、自评幸福度的影响因素

已有研究结果显示,自评幸福度不仅受到个体因素这样微观层次因素的影响,还受到中观层次,即家庭因素的影响(Brummett et al,2011; Datu & King,2016; Diener et al,1999; Isaacowitz & Smith,2003; Pilkington et al,2012; Li et al,2014;Livingstone & Srivastava,2012;刘吉,2015;张文娟和李树茁,2005)。

个体因素包括年龄、性别、婚姻和社会经济状况等基本的人口社会特征。年龄效应在不同的研究中和群体中呈现不同的形式:有研究认为年龄对老年人生活满意度的正向作用超过了负向作用,因此,老年人的年龄越大,生活满意度越高(骆为祥和李建新,2011);也有研究认为年龄与自评幸福度呈现“U”形关系（Clark & Oswald,2006;石超和乔晓春,2017），即年轻人和老年人的生活满意度高，中年人的生活满意度低；还有研究认为自评幸福度保持稳定，不随年龄而变化（Diener et al,1999）。从性别来看，女性对于事件的应激反应更加敏感，不论是正向情感还是负向情感（王芳和陈福国,2005）。从受教育程度看，老年人的心智水平和收入水平因受教育程度不同而不同。受教育程度虽然不能直接提升生活满意度，但它可以通过中间变量“收入和心智”来间接提升生活满意度（郑宏志和陈功香,2005）。从婚姻状况看，随着年龄的增长，老年人对外界的依赖加深，尤其是亲密群体中的配偶，不论在日常生活起居照料还是心理情感慰藉方面，配偶都具有无可取代的优势。失去配偶后，相互之间的情感交流被切断，抑郁等负面情绪逐渐显露增多，因此婚姻质量对幸福感的情感和认知维度都具有直接的正向影响（刘仁刚和龚耀先,2000）。老年人若拥有共同生活的配偶，那么其生活满意度相对于丧偶和离异的群体来说更高（宋海燕,2006）。从经济状况看，有着稳定收入的老年人主观幸福度更高，其自身的收入水平越高，相应地生命质量也越高，从而提升了生活满意度。此外，良好的生活习惯（如喝酒、饮食、锻炼等）和健康状况对提升老年人的自评幸福度具有显著影响（王金营,2004）。基于此，本研究提出假设 13。

假设 13：自身因素占“优势”的父母可能有较高的自评幸福度，更可能化解子女数量和质量没有满足期望而带来的较低的自评幸福度。

中观层次的家庭因素包括家庭经济条件、居住方式、与子女联系或见面的频率等。与家庭经济条件和居住方式相比，子女的情感支持对提高父母的生活满意度有重要作用（刘吉,2015;张文娟和李树茁,2005）。但是也有研究指出，对于老年人来说，情感支持网络的关键在于是否有子女，而不在于子女数量的多少（张文娟和李树茁,2005）。因此，本研究提出以下假设。

假设 14：家庭经济条件、居住方式对父母的自评幸福度无显著影响。

假设15:与子女联系、见面的频率越高,父母的自评幸福度也越高,可以抵消子女数量和质量方面的不足带来的消极情绪。

总体而言,以往的相关研究多集中在子女数量对老年人的代际支持和客观的生命质量方面的影响。本研究试图将研究人群进一步扩展到中年人,并且深入研究子女数量和子女质量与父母自评幸福度的关系。而且过往的相关研究多是基于个体层次的研究,对家庭层次的自评幸福度的影响因素的研究少。本研究运用分层线性模型分析子女数量和子女质量与中年父母和老年父母自评幸福度的内在联系,探析各层次的解释力度,以及这些因素是如何影响三者之间的关系。

第二节　数据与方法

一、中国健康与养老追踪调查介绍和样本描述

本研究使用的数据来自北京大学国家发展研究院组织的大型跟踪调查数据:中国健康与养老追踪调查(CHARLS)[①]。该调查旨在收集代表我国45岁及以上中老年人家庭和个人的数据。CHARLS于2008年在甘肃省和浙江省进行试调查,2011年首次在全国开展基期调查,采用PPS抽样调查方法,并运用电子绘图软件(CHARLS－GIS)技术。调查范围涵盖全国28个省(区、市),覆盖150个县级单位下的450个社区单位,约1万户家庭1.7万个体。随后每两年追踪一次。调查内容包括家户登记表,基本信息,健康状况和功能,医疗保健与保险工作,退休与养老金,医疗服务利用和医疗保险,收入、支出与资产,体格测量以及社区基本情况等。本研究使用2013年的调查数据,剔除无子女和缺失值样本后,样本规模为11 368。

① 数据来源的描述来源于CHARLS官方网站 http://charls.pku.edu.cn/zh－CN。

二、子女数量、质量和父母自评幸福度测量

（一）自评幸福度的测量

本研究使用生活满意度和抑郁测量中老年人的自评幸福度。生活满意度反映自评幸福度的认知维度，抑郁反映自评幸福度的消极情感维度。

生活满意度采用一个问题测量："总体来看，您对自己的生活是否感到满意？是极其满意，非常满意，比较满意，不太满意还是一点也不满意？"答案：1. 极其满意、2. 非常满意、3. 比较满意、4. 不太满意、5. 一点也不满意。本研究将答案顺序转换，得分越高，对生活的满意程度越高。

抑郁采用 10 个问题测量："我因一些小事而烦恼、我在做事时很难集中精力、我感到情绪低落、我觉得做任何事情都费劲、我对未来充满希望、我感到害怕、我的睡眠不好、我很愉快、我感到孤独、我觉得我无法继续我的生活。"答案选项分别为："1. 很少或许没有（ <1 天）、2. 不太多（1 ~ 2 天）、3. 有时或者说有一半的时间（3 ~ 4 天）、4. 大多数时间（5 ~ 7 天）。"本研究将 1 变为 0、2 变为 1、3 变为 2、4 变为 3。我们将其中两个表示积极情感的问题的答案顺序反转。然后将 10 个问题加总，得分范围是 0 ~ 30 分，得分越高，表示抑郁程度越严重。

（二）子女数量和质量的测量

本研究的核心自变量为子女数量和子女质量。子女数量指存活子女数，包括亲生子女、养子女和继子女。为了更准确地考察不同的子女数量的影响，这里我们将之处理为分类变量，1 个、2 个、3 个、4 个及以上。

子女质量主要是指子女的社会经济地位，使用两个指标来衡量：子女年收入水平和子女受教育程度。调查中子女年收入水平划分为 5 个水平：10 000 元以下、10 000 ~ 19 999 元、20 000 ~ 49 999 元、50 000 ~ 99 999 元和 100 000 元及以上。我们将子女的受教育程度分为 4 类：小学及以下、初中学历、高中学历、大专及以上（表 2 – 1）。

由于84.4%的被调查者的子女数大于1，所以本研究使用这两个变量的最大值。具有较高社会经济地位的子女最有可能影响父母从子女处获得的资源量和父母的心理满足感（De Neve & Harling，2017；De Neve & Kawachi，2017；Lee，2017）①。

（三）控制变量

我们定义45~59岁的父母为中年父母，60岁及以上的父母为老年父母。父母在个体层面的控制变量包括年龄、性别、受教育程度、户籍状况、城乡居住地、婚姻状况、有无身体疼痛、是否残疾、是否有慢性病、身体功能活动能力、日常生活自理能力、自评健康、认知能力和记忆力水平、社交活动情况、饮酒和抽烟情况、每晚真正睡眠时间和每日饮食次数；家庭层面的控制变量为年人均消费支出、居住方式、每周与子女的见面频率和联系频率。

表2-1　子女数量和质量与父母的自评幸福度的交互

变量	45~59岁	60⁺岁	45⁺岁
生活满意度/%			
一点也不满意	2.67	3.79	3.16
不太满意	19.64	23.6	21.36
比较满意	62.82	61.44	62.21
非常满意	12.24	8.97	10.80
极其满意	2.62	2.25	2.46
抑郁程度			
均值(标准差)	7.53(5.66)	7.98(5.77)	7.73(5.71)
存活子女数量/%			
1	22.50	6.90	15.63

① 我们也设想使用子女的收入水平和受教育程度的平均值验证分析结果，但是调查数据中子女的收入水平和受教育程度均是分类变量，不是实际收入水平和受教育年限，不易取平均值。

续表

变量	45～59岁	60⁺岁	45⁺岁
2	48.48	24.23	37.79
3	21.09	28.49	24.35
4⁺	7.94	40.38	22.23
子女最高年收入水平/%			
10 000元以下	23.29	10.91	17.83
10 000～19 999元	20.29	16.37	18.56
20 000～49 999元	38.04	43.37	40.39
50 000～99 999元	13.62	19.88	16.38
100 000元及以上	4.76	9.47	6.84
子女最高受教育程度/%			
小学及以下	9.73	18.43	13.56
初中学历	30.56	35.78	32.86
高中学历	23.35	23.52	23.43
大专及以上	36.36	22.28	30.15

注：计算数据时进行了四舍五入。

三、分层线性模型

CHARLS数据具有多层结构特征：个体、家庭和社区。依据研究目的，本研究使用分层线性模型（又称多水平模型，Raudenbush & Bryk，2002）。本研究首先运行无条件模型来计算组内相关系数（ICC），估算各层次的解释力度。如果各层次的解释方差比例超过5%，说明有必要建立分层模型（Cohen，1988）。然后运行条件模型，依次加入本研究的核心自变量和控制变量，考察子女数量和质量对父母自评幸福度的影响。

（一）无条件模型

无条件模型公式如下：

$$个体层次:Y_{ij}=\beta_{0j}+r_{ij}$$

$$家庭层次:\beta_{0j}=\gamma_{00}+\mu_{0j}$$

$$组合模型:Y_{ij}=\gamma_{00}+\mu_{0j}+r_{ij}$$

在个体层次中,Y_{ij}表示j家庭内个体i的自评幸福度;β_{0j}表示j家庭自评幸福度的均值;γ_{00}表示样本中所有个体自评幸福度的均值;r_{ij}表示个体随机效应;μ_{0j}表示家庭随机效应。

计算组间相关系数的公式:

$$ICC_i=r_{ij}/(\mu_{0j}+r_{ij})$$

$$ICC_j=\mu_{0j}/(\mu_{0j}+r_{ij})$$

ICC_i 表示个体特征的差异导致的自评幸福度的差异;ICC_j 表示家庭特征的差异造成的自评幸福度的差异。

(二)条件模型

条件模型是在无条件模型的基础之上加入子女数量、子女收入和受教育程度以及各层次的控制变量。

条件模型公式如下:

$$个体层次:Y_{ij}=\beta_{0j}+\sum_n\beta_{nj}(A_{nj})+r_{ij}$$

$$家庭层次:\beta_{0j}=\gamma_{00}+\gamma_{01}(X_{01})+\gamma_{02}(X_{02})+\sum_n r_{0n}(Z_{nj})+\mu_{0j}$$

组合模型如下:

$$Y_{ij}=\gamma_{00}+\sum_n r_{0n}(Z_{nj})+\gamma_{01}(X_{01})+\gamma_{02}(X_{02})+\sum_n\beta_{nj}(A_{nj})+r_{ij}+\mu_{0j}$$

Y_{ij}表示j家庭内个体i的自评幸福度;β_{0j}表示j家庭的个体平均自评幸福度;β_{nj}是个体层次所有控制变量的系数,$\Sigma(A_{nj})$是个体层次的所有控制变量;X_{01}表示子女数量,X_{02}表示子女社会经济状况;γ_{01}是子女数量的系数,γ_{02}是子女社会经济状况的系数,r_{0n}是家庭层次的所有控制变量的系数,γ_{00}是所有人的平均的自评幸福度值;$\Sigma(Z_{nj})$是家庭层次的所有控制变量;r_{ij}表示个体随机效应;μ_{0j}表示家庭随机效应。其中家庭层次的控制变量包括家庭年人均消费支出、居住状态、每周与子女见面和联系频率。

第三节　研究发现

一、子女数量和质量对父母生活满意度的影响

我们首先建立生活满意度的无条件模型，计算组间相关系数。然后建立条件模型，依次加入子女数量、子女质量、个体层次的变量和家庭层次的变量。

无条件模型对中年人和老年人的生活满意度在个体层次、家庭层次的差异进行分解的结果如表 2－2 所示。

表 2－2　父母生活满意度得分的差异分解

单位：%

ICC	45～59 岁	60⁺ 岁
个体层次	70.7	73.6
家庭层次	29.3	26.4

通过各层次的方差分解可以得到组内相关系数 ICC。结果显示，中年人生活满意度差异的 70.7% 是由个体差异引起，29.3% 的差异是由家庭差异引起。而老年人自评幸福度差异的 73.6% 是由个体差异引起，26.4% 是由家庭差异引起。生活满意度适合做分层线性模型（表 2－3）。

模型 1 首先加入子女数量。其结果显示子女数量和中年父母的生活满意度呈显著负相关，和老年父母的生活满意度呈显著正相关。有 3 个孩子和 4 个及以上孩子的中年父母的生活满意度显著低于只有 1 个孩子的中年父母，有 2 个孩子的中年父母的生活满意度和只有 1 个孩子的中年父母的生活满意度没有显著差异。有 2 个孩子的老年父母和只有 1 个孩子的老年父母的生活满意度没有显著差异，但是有 3 个孩子或者 4 个及以上孩子的老年父母的生活满意度显著高于只有 1 个孩子的老年父母。由此，假设

1 和假设 2 得到验证。

模型 2 中加入子女的受教育程度和收入水平，子女数量和中年父母的生活满意度仍然呈显著负相关，而且效应增大。可能的原因是部分中年父母的子女处于就学阶段时，没有收入，依靠父母抚养，所以子女在 3 个及以上时，中年父母的生活压力大，生活满意度更低。此外，可能是子女已经就业了，但是刚入职场，受教育程度低、收入低，需要父母的经济支持，中年父母的生活满意度低。老年父母的子女数量与其生活满意度依旧呈显著正相关，但是，影响效应有所降低，说明子女的质量解释了子女数量的一部分影响。

子女受教育程度与父母的生活满意度显著正相关，子女的受教育程度越高，父母的生活满意度也越高。但是只有当子女拥有大专及以上学历时，中年父母的生活满意度才显著高于子女为小学及以下学历的中年父母，这可能和中年父母对子女的受教育程度较高的期望有关。假设 6 得到验证，假设 7 没有得到验证。

子女年收入水平与父母的生活满意度呈显著正相关，子女的年收入越高，不论是中年父母，还是老年父母，他们生活满意度都越高。假设 8 得到验证。

模型 3 中加入父母个人的人口—社会经济特征、健康状况和生活方式这些控制变量后，对中年父母来说，子女数量对生活满意度的影响不再显著；子女收入水平的影响依旧显著，但影响力度下降；子女受教育程度不再显著影响中年父母的生活满意度。说明子女在经济方面的成就可能对中年父母的生活满意度更重要。子女数量和子女年收入水平对老年父母的生活满意度的影响依然显著，但是影响效应变小，子女的受教育程度不再显著影响老年父母的生活满意度。

在人口—社会经济特征中，只有婚姻状况显著影响中年人的生活满意度，有配偶的中年人生活满意度高于无配偶的中年人。年龄、婚姻状况和受教育程度显著影响老年人的生活满意度。健康状况好、生理功能好和充足的睡眠时间都与中老年人较高的生活满意度显著关联。这在一定程度上印证了假设13。

模型4加入家庭变量后，子女数量和受教育程度依旧不显著影响中年父母的生活满意度，但子女的年收入水平对其依然有显著影响，且影响力度小幅度增加。当父母的收入较低的时候，子女较高的收入会补贴父母，减轻父母的生活压力，提升父母的生活满意度。家庭人均年支出和与子女的亲密互动对中年父母的生活满意度影响较小，只有当家庭年人均消费支出达到10 000元及以上时，中年父母的生活满意度才显著高于家庭人均年支出3 000元以下的中年父母。中年父母的生活压力较大，只有收入高到一定程度才可能缓解生活的压力，提高生活的满意度。

子女数量和子女的年收入水平对老年父母的生活满意度的影响仍然显著，但是影响力度变小。子女的受教育程度对老年父母的生活满意度没有显著影响。家庭的经济状况对老年父母的生活满意度没有显著影响，是否与子女同居也不影响父母的生活满意度，但是与子女的亲密互动越频繁，老年父母的生活满意度越高。老年人可能更注重代际的情感交流，与子代的和睦相处和亲密交往可以提升老年父母的生活满意度，抵消一部分子女数量和子女质量的影响。假设14、假设15得到部分验证。

二、子女数量和质量对父母抑郁度的影响

和生活满意度模型一样，本研究先对父母的抑郁度建立无条件模型，然后建立条件模型，依次加入子女数量和子女质量、个人层次变量和家庭层次变量。抑郁值高代表父母的抑郁度高。

使用无条件模型对中年父母和老年父母抑郁度在个体层次和家庭层次的差异进行分解的结果如表2－4所示。

表 2－3　子女数量、质量和父母的生活满意度

变量	模型 1		模型 2		模型 3		模型 4	
	中年人	老年人	中年人	老年人	中年人	老年人	中年人	老年人
固定效应部分								
子女数量(1)								
2	-0.019	0.047	-0.030	0.039	0.006	0.056	0.003	0.054
3	-0.063*	0.122*	-0.077*	0.119*	-0.023	0.128**	-0.030	0.125**
4+	-0.092*	0.107**	-0.124**	0.103*	-0.048	0.115*	-0.060	0.110*
子女年收入水平(10 000 元以下)								
10 000～19 999 元			0.019	0.099*	0.009	0.101*	0.011	0.095*
20 000～49 999 元			0.085***	0.144***	0.059*	0.118**	0.064*	0.114***
50 000～99 999 元			0.205***	0.226***	0.142***	0.175***	0.146***	0.166***
100 000 元及以上			0.295***	0.289***	0.217***	0.201***	0.219***	0.195***
子女受教育程度(小学及以下)								
初中			0.056	0.065*	0.025	0.048	0.021	0.046
高中			0.071	0.104**	0.026	0.061	0.017	0.059
大专及以上			0.094*	0.102**	0.034	0.063	0.029	0.059
女性(男性)					0.031	0.007	0.033	0.003

续表

变量	模型 1		模型 2		模型 3		模型 4	
	中年人	老年人	中年人	老年人	中年人	老年人	中年人	老年人
年龄					0.004	0.008***	0.005*	0.009***
无配偶(有配偶)					-0.122***	-0.081**	-0.124***	-0.047
城市户口(农村户口)					0.003	-0.031	0.011	-0.024
常住地城市(农村)					0.017	-0.020	0.006	-0.021
小学未完成(未受过正规教育)					-0.013	-0.089**	-0.012	-0.089**
小学毕业					-0.017	-0.162***	-0.022	-0.163***
初中毕业					-0.040	-0.165***	-0.044	-0.169***
高中及以上					-0.100**	-0.241***	-0.107**	-0.246***
身体有些疼痛(无疼痛)					-0.072***	-0.032	-0.072***	-0.033
身体严重疼痛(无疼痛)					-0.141***	-0.119***	-0.142***	-0.118***
身体残疾(无)					0.061*	0.010	0.064**	0.011
患慢性病(无)					0.048*	0.050	0.046*	0.050
身体功能活动					-0.023	-0.064*	-0.022	-0.064*
日常生活自理有困难(无)					-0.036	-0.025	0.036	-0.026
器具使用有困难(无)					-0.082**	-0.016	-0.082**	-0.017

续表

变量	模型 1		模型 2		模型 3		模型 4	
	中年人	老年人	中年人	老年人	中年人	老年人	中年人	老年人
认知能力					0. 008	0. 014	0. 008	0. 014
记忆力水平					-0. 085***	-0. 094***	-0. 085***	-0. 095***
自评健康一般(好)					-0. 184***	-0. 129***	-0. 183***	-0. 131***
自评健康不好(好)					-0. 325***	-0. 282***	-0. 325***	-0. 286***
参与社交活动(不)					0. 025	0. 095***	0. 022	0. 094***
吸烟(不)					0. 024	0. 014	0. 027	0. 013
喝酒(不)					0. 004	-0. 015	0. 003	-0. 014
每日饮食次数					0. 025	0. 008	0. 024	0. 003
每晚睡眠时间					0. 022***	0. 023***	0. 023***	0. 023***
家庭年人均消费支出(3 000 元以下)								
3 000 ~ 5 999 元							0. 043	0. 036
6 000 ~ 9 999 元							0. 044	0. 039
10 000 元及以上							0. 081**	0. 039
与子女同住(独居)							-0. 025	0. 026
不与子女同住(独居)							0. 025	0. 084

续表

变量	模型 1		模型 2		模型 3		模型 4	
	中年人	老年人	中年人	老年人	中年人	老年人	中年人	老年人
每周与子女见面频率							-0.009	0.013
每周与子女联系频率							-0.020	-0.035**
截距	3.102***	3.[illegible]85***	2.967***	2.868***	3.116***	2.825***	3.060***	2.727***
随机效应部分								
个体层次	0.372	0.3[illegible]4	0.372	0.394	0.364	0.374	0.363	0.373
家庭层次	0.153	0.[illegible]41	0.146	0.133	0.110	0.107	0.109	0.106
Log likelihood	-6 883.4	-[illegible]4[illegible]2.8	-6 839.2	-5 453.0	-6 585.3	5 234.4	-6 576.1	-5 227.7
AIC	13 778.89	10 9[illegible].6	13 704.5	10 932.1	13 246.6.	10 544.9	13 242.1	10 545.3
BIC	13 819.44	11 [illegible]36.72	13 792.3	11 016.8	13 503.4	10 792.6	13 546.2	10 838.7

注：①变量列括号内为参照类；② *** 指 $P<0.001$，** 指 $P<0.01$，* 指 $P<0.05$。

表 2－4　父母抑郁度得分的差异分解　　单位：%

ICC	45～59 岁	60⁺ 岁
个体层次	66.9	64.4
家庭层次	33.1	35.6

根据表 2－4 得到的组内相关系数 ICC 结果显示，中年父母抑郁度差异的 66.9% 是由个体差异引起，33.1% 的差异是由家庭差异引起。老年人抑郁度差异的 64.4% 是由个体差异引起，35.6% 是由家庭差异引起。抑郁度的分析也适合建立分层线性模型（见表 2－5）。

模型 1 加入子女数量。子女数量与中年父母的抑郁度呈显著正相关，子女数量多，中年父母的抑郁度也高。但是对老年父母来说，拥有 3 个及以上孩子的老年父母的抑郁度显著高于只有 1 个孩子的老年父母。

模型 2 加入子女的社会经济地位变量。子女的收入水平和受教育程度显著影响父母的抑郁度，子女的收入水平越高，受教育程度越高，父母的抑郁度越低。子女的社会经济地位缓解了部分子女数量对父母抑郁度的影响，子女数量对中年父母的影响力度有所下降，有 3 个孩子的老年父母的抑郁度不再显著高于只有 1 个孩子的老年父母，只有拥有 4 个及以上孩子的老年父母的抑郁度才显著高于只有 1 个孩子的老年父母。

模型 3 中加入个体层次变量后，子女数量依旧显著影响中年父母的抑郁度，但是对老年父母的抑郁度的影响不再显著。收入水平仍然显著影响中、老年父母的抑郁度。子女受教育程度对中年父母的抑郁度的显著影响消失，但是依然显著影响老年父母的抑郁度，不过影响力度变小。说明父母个人的人口—社会经济特征、健康状况和生活方式解释了部分子女数量和质量对父母的抑郁度的影响，当控制这些特征时，子女数量和质量对父母抑郁度的影响就会变小。

表 2－5　子女数量、质量与父母的抑郁度

变量	模型 1		模型 2		模型 3		模型 4	
	中年人	老年人	中年人	老年人	中年人	老年人	中年人	老年人
固定效应部分								
子女数量（1）								
2	1. 072 ***	0. 544	1. 006 ***	0. 486	0. 237	－0. 129	0. 293	－0. 079
3	1. 701 ***	0. 741 *	1. 643 ***	0. 546	0. 493 *	－0. 220	0. 581 **	－0. 137
4⁺	1. 810 ***	[illegible]. 473 ***	1. 852 ***	1. 259 ***	0. 189	－0. 033	0. 284	0. 086
子女年收入水平（10 000 元以下）								
10 000 ~ 19 999 元			－0. 097	－0. 356	0. ,1	－0. 392	－0. 024	－0. 438
20 000 ~ 49 999 元			－0. 529 **	－1. 071 ***	－0. 359 *	－0. 606 *	－0. 418 *	－0. 687 **
50 000 ~ 99 999 元			－1. 138 ***	－1. 554 ***	－0. 495 *	－0. 707 **	－0. 581 **	－0. 812 **
100 000 元及以上			－1. 563 ***	－2. 136 ***	－0. 605	－0. 932 **	－0. 676 *	－1. 105 ***
子女受教育程度（小学及以下）								
初中			－1. 098 ***	－1. 143 ***	－0. 279	－0. 399	－0. 269	－0. 384
高中			－1. 567 ***	－2. 119 ***	－0. 271	－0. 820 ***	－0. 260	－0. 802 ***
大专及以上			－2. 033 ***	－2. 660 ***	－0. 303	－0. 969 ***	－0. 328	－0. 957 ***
女性（男性）					0. 469 **	0. 749 ***	0. 418 *	0. 756 ***
年龄					－0. 019	－0. 078 ***	－0. 024	－0. 084 ***

续表

变量	模型 1		模型 2		模型 3		模型 4	
	中年人	老年人	中年人	老年人	中年人	老年人	中年人	老年人
无配偶(有配偶)					1.104***	0.788**	1.137***	0.695**
城市户口(农村户口)					0.315	0.458*	0.307	0.505*
常住地城市(农村)					-0.090	-0.470**	-0.066	-0.420*
小学未完成(未受过正规教育)					-0.136	0.885***	-0.146	0.867***
小学毕业					-0.266	0.607**	-0.252	0.589**
初中毕业					-0.366	0.736**	-0.357	0.730**
高中及以上					-0.298	0.870**	-0.296	0.880**
身体有些疼痛(无疼痛)					1.417***	1.414***	1.411***	1.416***
身体严重疼痛(无疼痛)					2.989***	2.914***	2.982***	2.911***
身体残疾(无)					0.310	0.282	0.301	0.279
患慢性病(无)					0.245	0.334	0.243	0.328
身体功能活动					0.870***	0.794***	0.871***	0.788***
日常生活自理有困难(无)					1.246***	0.873***	1.247***	0.869***
器具使用有困难(无)					1.312***	1.086***	1.308***	1.098***
认知能力					-0.149**	-0.251***	-0.150**	-0.254***
记忆力水平					0.689***	0.495***	0.688***	0.487***

续表

变量	模型 1		模型 2		模型 3		模型 4	
	中年人	老年人	中年人	老年人	中年人	老年人	中年人	老年人
自评健康一般(好)					0. 670 ***	0. 465 *	0. 669 ***	0. 468 *
自评健康不好(好)					2. 508 ***	2. 035 ***	2. 512 ***	2. 031 ***
参与社交活动(不)					-0. 372 **	-0. 447 ***	-0. 374 **	-0. 436 **
吸烟(不)					0. 051	0. 064	0. 037	0. 079
喝酒(不)					-0. 057	0. 005	-0. 064	-0. 009
每日饮食次数					-0. 770 ***	-0. 629 ***	-0. 769 ***	-0. 624 ***
每晚睡眠时间					0. 519 ***	-0. 494 ***	-0. 521 ***	-0. 493 ***
家庭年人均消费支出(3 000 元以下)								
3 000 ~ 5 999 元							-0. 109	-0. 190
6 000 ~ 9 999 元							0. 040	0. 082
10 000 元及以上							0. 078	0. 019
与子女同住(独居)							0. 620	-0. 382
不与子女同住(独居)							0. 337	-0. 324
每周与子女见面频率							0. 063	-0. 005
每周与子女联系频率							0. 193	0. 162
截距	6. 560 ***	7. 083 ***	8. 486 ***	9. 766 ***	8. 926 ***	13. 876 ***	8. 193 ***	14. 413 ***

续表

变量	模型 1		模型 2		模型 3		模型 4	
	中年人	老年人	中年人	老年人	中年人	老年人	中年人	老年人
随机效应部分								
个体层次	21.468	21.525	21.398	21.544	16.226	16.883	16.224	16.872
家庭层次	10.288	11.645	9.746	10.099	5.525	5.485	5.454	5.405
Log likelihood	−19 912.2	−15 795.3	−19 843.3	−15 676.8	−18 741.8	−14 843.0	−18 732.4	−14 833.8
AIC	39 836.4	31 602.7	39 712.5	31 379.6	37 559.6	29 761.9	37 554.9	29 757.6
BIC	39 877.0	31 641.8	39 800.4	31 464.4	37 816.3	30 009.6	37 858.9	30 051.0

注:①变量列括号内为参照组;② *** 指 $P<0.001$, ** 指 $P<0.01$, * 指 $P<0.05$。

女性的抑郁度高于男性,且老年女性和老年男性的抑郁度的差距大于中年人。老年人的年龄越大,抑郁度越低。有配偶同居的中老年人要比无配偶同居的中老年人的抑郁度低。农村老年人的抑郁度高于城市老年人。健康状况和生活方式均对中老年人的抑郁度有显著影响,身体没有疾病、疼痛、残疾,生活能够自理的中老年人的抑郁度低。但是是否吸烟和饮酒没有显著影响。

模型4在加入家庭变量后,子女数量和质量的影响力度变大,说明家庭变量与子女的数量和质量有较高的相关性。控制了这些变量其实是剥离它们的影响,呈现子女数量和质量更纯粹的影响。子女数量仍显著影响中年父母的抑郁度,但是它们之间不是线性的关系,有3个子女的中年父母的抑郁度明显高于只有1个子女的中年父母的抑郁度,但是有4个及以上子女的中年父母的抑郁度与只有1个子女的中年父母没有显著差异。子女的收入水平显著影响中年父母的抑郁度,子女的收入越高,父母的抑郁度越低。子女的受教育程度与中年父母的抑郁度没有显著的统计关系。子女数量对老年父母的抑郁度没有显著影响,子女的收入水平和受教育程度显著影响老年父母的抑郁度。

总体而言,从生活满意度指标来看,本研究的假设1、假设2、假设6、假设7、假设8、假设14得到验证,假设13与假设15得到部分验证;从抑郁度指标来看,假设1、假设15没有得到验证,假设2、假设6、假设7、假设8、假设13、假设14得到验证。

三、子女数量和质量对父母自评幸福度影响的城乡差异

我国城乡在经济发展水平、医疗卫生条件和社会保障方面存在较大的差距(齐红倩和席旭文,2015)。子女的工作环境、工作类型、收入水平以及职业声望也都存在城乡差别(李春玲,2006;吴愈晓,2011)。此外,城乡之间的家庭规模和结构也有着明显差别,农村中老年人的子女数量要高于城市中老年人(王跃生,2006)。本节从城乡视角研究子女数量和质量对父母

自评幸福度的影响。

表2－6显示，子女数量、质量对父母生活满意度的影响存在显著的城乡差异。子女数量对城市中年父母、农村中年父母和老年父母的生活满意度均没有显著影响。这可能是城乡社会保障制度的不断完善、农村地区迁移流动行为的增加导致的（王跃生，2012）。随着社会经济的不断发展，农村中老年人的福利水平在不断提高，子女向城市的迁移流动可能在一定程度上缓解了子女数量增加带来的生活压力。而城市中年父母的收入较高，福利较好，因此，子女数量多寡不会影响他们的生命质量。

子女数量多，虽然不能显著提高农村老年人的生活满意度，但是可以显著提高城市老年人的生活满意度。有3个子女的城市老年父母的生活满意度显著高于只有1个孩子的老年父母，这可能是子女数量的边际递减效应导致的（Zimmer & Kwong，2003），有3个孩子的城市老年人的生活满意度最高。

表2－6　子女数量、质量对父母生活满意度影响的城乡差异

变量	农村中年人	农村老年人	城市中年人	城市老年人
子女数量（1）				
2	0.010	－0.027	－0.001	0.102
3	－0.154	0.068	－0.065	0.155**
4+	－0.082	0.062	－0.001	0.113
子女年收入水平（10 000元以下）				
10 000～19 999元	0.017	0.164***	0.004	－0.049
20 000～49 999元	0.087**	0.173***	0.034	－0.006
50 000～99 999元	0.166***	0.256***	0.124*	0.009
100 000元及以上	0.310***	0.267***	0.112	0.073
子女受教育程度（小学及以下）				
初中学历	0.099	0.024	0.064	0.104
高中学历	－0.001	0.044	0.081	0.115
大专及以上	－0.003	0.033	0.111	0.129

注：①控制变量和不分城乡的生活满意度模型一样；②***指 $P<0.001$，**指 $P<0.01$，*指 $P<0.05$。

子女的收入水平显著影响农村父母的生活满意度，但是只对城市中年父母的生活满意度有显著影响，对城市老年父母的生活满意度则没有显著影响。子女的受教育程度对城乡父母的生活满意度均没有显著影响，这可能是子女对父母在经济上的依赖导致的（宋健和戚晶晶，2011）。城市父母收入相对稳定，退休后有退休金，因而他们对子女的期望更多地集中在教育这样的“软件”方面，子女的受教育程度高，城市父母的心理满足感高，生活满意度也高。但有的子女正处于受教育阶段，需要父母的教育投入，有的即使已经工作，但需要父母的经济资助或抚养孙子女。父母在教育投入等方面的生活压力可能在很大程度上抵消了子女较高的受教育水平为他们带来的满意度。农村父母的经济条件不如城市父母，子女的收入水平高，他们获得经济回报的可能性比较大，而子女的受教育程度不一定能直接给予他们经济回报，有时甚至需要父母的经济支持。

表 2－7 显示，在控制其他变量后，子女数量仅显著影响农村中年父母的抑郁度，有 3 个孩子的农村中年父母的抑郁度明显高于仅有 1 个孩子的农村中年父母。子女的年收入水平显著影响农村老年父母和城市中年父母的抑郁度。农村老年人经济基础薄弱，对子女的经济支持依赖度明显，因而当子女的年收入水平较高时，农村父母更可能获得子女的经济支持，因而抑郁度较低。子女的受教育程度高，农村老年父母的抑郁度显著降低，但是对中年父母的抑郁度没有显著影响。如前所述，子女的受教育程度，可能带来父母的心理满足感，但是不一定能直接给中年父母经济回报，有时甚至需要父母的经济支持。这样两股力量相互抵消，子女的受教育程度对农村中年父母的抑郁度没有显著影响，对城市中年父母的影响则凸显出来。但是对农村老年父母来说，他们更多地处在被子女赡养的位置，子女的受教育程度越高，越能体察父母的需要，及时解决父母的困难，给予父母需要的精神和心理慰藉，从而减轻他们的负向情感。城市中年父母深知教育的重要性，对子女的教育期望高，子女取得较高的学历，能极大地满足

父母"望子成龙"或者"望女成凤"的愿望,从而减轻他们的负向情绪。城市老年父母的子女很多也处于中年期,工作稳定,经过年轻时职业地位的转化,如果已经获得理想的职业地位,老年父母不用再为子女担忧焦虑,就会有较低的抑郁度。

由此,从生活满意度指标来看,假设4、假设10、假设11和假设12得到验证,假设5得到部分验证,假设3、假设9没有得到验证;从抑郁度指标来看,假设3、假设4、假设10、假设11、假设12得到验证,假设5没有得到验证,假设9得到部分验证。

表2-7　子女数量、质量对父母抑郁度影响的城乡差异

变量	农村中年人	农村老年人	城市中年人	城市老年人
子女数量(1)				
2	0.236	0.144	0.341	-0.350
3	0.633*	0.013	0.360	-0.332
4+	0.168	0.425	0.501	-0.422
子女年收入水平(10 000元以下)				
10 000~19 999元	0.320	-0.746*	-0.558	0.200
20 000~49 999元	-0.224	-0.852**	-0.687**	-0.351
50 000~99 999元	-0.481	-1.039**	-0.753*	-0.371
100 000元及以上	-0.554	-1.533***	-0.933*	-0.453
子女受教育程度(小学及以下)				
初中学历	-0.104	-0.479	-1.059*	0.058
高中学历	0.087	-0.953***	-1.309**	-0.283
大专及以上	-0.168	-1.190***	-1.116*	-0.355

注:①控制变量和不分城乡的抑郁度模型一样;② *** 指 $P<0.001$, ** 指 $P<0.01$, * 指 $P<0.05$。

总　结

本研究使用2013年中国健康与养老追踪调查数据探讨子女数量与质量对父母自评幸福度的影响。子女的收入水平、受教育程度是反映子女社会经济地位的重要变量，是子女质量的代理变量。自评幸福度包括反映认知维度的生活满意度和反映情感维度的抑郁度。本研究从个体和家庭两个层面来研究三者之间的关系，得出以下结论。

第一，子女数量对中年父母和老年父母的自评幸福度的影响是不同的。本研究显示子女数量越多，中年父母的生活满意度越低，支持“多子未必多福”（慈勤英和宁雯雯，2013；石智雷，2015），但是子女数量的增加能够显著提升老年人的生活满意度，支持“多子多福”（Angeles，2010；郭志刚和张恺悌，1996）。这可能是中年父母和老年父母对子女数量的期望和现实需求的不同所致。计划生育政策的实施使得代际关系的重心下移，45～59岁处于中年阶段的父母更加注重子代的抚养与教育投入，子代也出现了“回归主干家庭”“啃老”等现象（沈奕斐，2010；石金群，2015；许琪，2017）。所以对于中年父母来说，子女数量越多，生活压力越大，生活满意度越低，抑郁度越高。但在加入中年人的人口社会特征、健康状况、生活方式以及家庭层面的变量后，子女数量对中年父母生活满意度的影响就不再显著，对抑郁度的影响虽然还显著，但是影响力度大大降低。这可能是由于中年父母个人和家庭资源能够在一定程度上缓解子女数量多带给他们的生活压力。而对老年父母来说，他们已经进入被赡养阶段，子女数量越多，其获得代际支持的可能越大，其生活满意度越高。但是子女数量多，并不能减轻老年人的抑郁度。

第二，子女年收入水平显著影响父母的自评幸福度。子女的收入水平高，父母获得经济回报的可能性也高，对父母生活水平的提升有直接有力的作用,从而减轻父母的生活压力,提高他们的生活满意度,减轻他们的抑郁度。尤其对于老年父母而言,他们的经济收入总体比较低,而在健康和医疗方面的需求很大,子女的收入水平高,可以大大缓解老年父母的生活困难,使他们老有所养、老有所医,因此有较高的幸福感。

第三,子女受教育程度与父母的自评幸福度呈显著相关性,但是,子女的受教育程度对中、老年父母的自评幸福度的影响是不同的。对中年父母而言,子女受教育程度高,父母的"望子成龙"或者"望女成凤"的愿望得到部分实现,使得他们获得心理满足感。但是受教育程度高,不一定能直接给予父母经济回报,由于他们在上学或者就业不久,需要父母继续给予支持,可能会给父母带来较大的生活压力和负面情绪,这样两股力量相互抵消,使得子女的受教育程度对中年父母的生活满意度和抑郁度的影响在统计上没有显著效应。对老年父母来说,子女较高的受教育程度不仅能够带给他们较高的心理满足感,而且他们处于被赡养的位置,子女较高的受教育程度意味着他们可能获得更多的经济支持和精神慰藉。当父母在日常生活中遭遇心理和情感方面的困惑,受教育水平高的子女由于知识储备丰富,能迅速找出应对方案,帮助父母排遣消极情绪,最终使父母走出心理困境,从而提高老年父母的生活满意度,减轻他们的抑郁度。

第四,子女数量对父母的自评幸福度的影响存在显著的城乡差异。子女数量对城市中年父母和老年父母、农村中年父母的生活满意度均没有显著影响,仅仅显著影响城市老年父母的生活满意度,有 3 个以上孩子的城市老年父母的生活满意度显著高于仅有 1 个孩子的城市老年父母的生活满意度。这可能是城乡社会保障制度的不断完善导致的(王跃生,2012)。社会保障制度的完善使得父母对子女的依赖减少,因此子女数量对父母生活满意度的影响不再显著。

子女数量对城市父母和农村老年父母的抑郁度没有显著影响,仅仅对农村中年父母的抑郁度有显著影响,有 3 个孩子的农村中年父母的抑郁度显著高于仅有1个孩子的农村中年父母。农村中年父母一般需要给子女进行教育投入、婚姻包办、抚育孙子女，较高的教育收费和农村高昂的彩礼使得原本经济收入就不高的农村父母备感生活压力大（李永萍，2018；石智雷，2015）。有3个孩子意味着他们的生活压力比有1个孩子的父母的压力大得多。因此，子女数量多，农村中年父母的压力越大，抑郁度有所增加。但是这一关系在城市中年父母中不显著。一般情况下，城市中45～59岁这批人，每对夫妇只能生育一个孩子，生育两个孩子及以上的非常少，因此，孩子的数量对他们的生活并不构成巨大的压力，对他们的抑郁度没有显著影响。

第五，子女质量对父母的自评幸福度的影响也存在显著的城乡差异。子女的收入水平显著影响农村父母的生活满意度和抑郁度。子女的收入水平高，农村父母的生活满意度高，抑郁度低。这可能和农村中老年人的经济状况较差、可获得的社会资源少有关（张文娟，2008）。子女的收入高，一方面，能够减轻父母的负担；另一方面，可以给父母提供较多的经济资助，提升父母的生活水平，使得农村父母有较高的自评幸福度。但是，子女的收入水平并不显著影响城市老年父母的生活满意度和抑郁度。我国城市居民的收入水平和经济状况远远高于农民（沙勇和劳昕，2015）。绝大多数城市老年父母并不需要子女在经济上提供资助，因此，子女的收入水平对城市老年父母的自评幸福度没有显著影响。

子女的受教育程度对农村父母的生活满意度没有统计上的显著影响，但能明显降低农村老年父母的抑郁度。如前所述，子女的受教育程度高，虽然会使农村父母有较高的成就感和心理满足感（董洪超和胡荣华，2015），但是在学子女的教育等级越高，花费越大，父母的经济压力也越大（杜屏和李宝元，2007）。即使子女已经就业，但是子女的教育程度高，在城市定居的可能性也高。城市的生活成本高，使得子女即使愿意也没有能力给予父母支持，反而会要求父母继续在经济上提供支持，或者照料孙子女，导致父母的经济压力大,生活负担重(宋健和戚晶晶,2011)。这两种相反的影响相互抵消,呈现子女的受教育程度在统计上对农村父母的生活满意度没有显著影响。而子女较高的受教育程度可以较好地缓解父母的负面情绪,降低其抑郁度。

子女的受教育程度对城市父母的生活满意度没有显著影响,但可以显著降低城市中年父母的抑郁度。子女的受教育程度高带给父母较高的成就感和心理满足感,但这样的满意度可能被由教育投资带来的生活压力所抵消,由此呈现子女的受教育程度在统计上对城市父母的生活满意度不存在显著影响。同样地,子女较高的受教育程度可以较好地缓解城市父母的负面情绪,降低其抑郁度。

此外,父母的自评幸福度还受到其他因素的影响。从各层次分析结果来看,自评幸福度受个体因素影响最大,其次才是家庭层面因素。这些因素也影响子女数量和子女质量与父母自评幸福度的关系。在加入个体因素后,子女数量对中年父母自评幸福度的影响不再显著,子女收入水平的影响依旧显著,但影响力度下降,子女受教育程度对其不再具有显著影响。子女数量依旧显著影响老年人生活满意度,对抑郁度则无显著影响。子女的受教育程度也不再显著影响老年父母的生活满意度,对抑郁度影响显著,子女的年收入水平仍显著影响老年父母的自评幸福度,但影响力度下降;加入家庭变量后,子女数量不显著影响中年父母的生活满意度,显著影响抑郁度,子女的年收入水平对其自评幸福度依然有显著影响,但影响力度小幅度增加。子女数量和子女的年收入水平对老年父母的生活满意度的影响仍然显著,但影响力度变小,对抑郁度的影响变化较小。

本文的研究结果显示,子女数量和质量均能显著提高父母的自评幸福度,但是子女质量的影响更显著,其中子女收入水平的作用最突出。独生子女父母和有 2 个孩子的父母的自评幸福度没有显著差异,但是有 3 个孩子及以上会显著影响父母的自评幸福度,会提高老年父母的生活满意度,但会使中年父母更抑郁。子女的收入水平越高,中年父母和老年父母的生活满意度越高,抑郁度越低。子女的受教育程度高,会显著降低老年父母的抑郁度,但是对中年父母的抑郁度没有显著影响。这一发现表明,"多子多福"依然适用于老年父母,对中年父母则不然。孩子质量高对提升父母的幸福度有非常重要的作用。

研究结论可能会影响将要成为父母的人群的生育观念、生育行为和教育理念。对年轻父母来说,房价及养育孩子成本越来越高,孩子越多,负担越重,幸福度也越低。虽然在老年之后,子女数量多会提升生活满意度,但是孩子数量得在3个及以上才会有显著作用。对年轻父母而言,提高子女质量显然是最好的选择。同时也对进一步完善社会保障制度提出了要求,城市父母和农村父母对子女的依赖和期望不同,因为他们的社会经济状况不同,因此完善社会保障制度,减少老年人对子女的依赖,也是提高老年人的自评幸福度的重要保障手段。

第三部分

城市高龄独居老人的孤独感及影响因素研究①

引　言

随着人口死亡率的持续下降，我国人口预期寿命不断延长，越来越多的人能活到老年，也有越来越多的老年人成为高龄老年人。与此同时，我国经历着快速的城市化，城市人口规模迅速扩大，城市老年人口群体也呈快速增长的趋势。据预测，城市60岁及以上的老年人将由2011年的8 209万人增长为2050年的3.8亿人，占城市总人口的比重将由2011年的7.9%增长到2050年的35.8%；80岁及以上的高龄老年人将由2011年的962万人增长到2050年的8 256万人；占60岁及以上老年人口的比重将由2011年的11.7%增长到2050年的21.46%（李强，2015）。

① 本部分发表在《华东师范大学学报》（哲学社会科学版）．2019，15（3）：165－179，文字有改动。

老年人的居住安排出现新的变化趋势，独居老人的比重大幅增长（胡湛和彭希哲，2014）。根据“六普”数据，2010 年城市 70 岁及以上独居老人已经达 483 万人，占 70 岁及以上老年人的 14.05%。改革开放以来，我国家庭结构发生了巨大的变化，家庭小型化和核心家庭主流化使更多老年人与子女分开居住。劳动力人口空前活跃的空间流动、计划生育政策带来的少子化等因素也使独居成为很多老年人不得不面对的现实。近几十年，城市住房条件的大幅改善则满足了老年人得以独居的物质条件（胡湛和彭希哲，2014）。在这些因素的共同作用下，城市老年人尤其是高龄老人的独居比重呈现明显的增长趋势。

独居老人在居住方式上与外界隔离，与他人的交往和交流受限，可能有较高的孤独感（Loneliness）（Sun et al，2011；Weiss，1973）。孤独感是一种消极的情绪体验（Jaremka et al，2013）。独居老人的孤独感显著高于非独居老人（Tunstall，1966）。15% 的独居老人感受到强烈的孤独感，与他人同居的老人感到强烈的孤独感的比例只有 4.2%（Yeh & Lo，2004）。孤独感会对老年人的生理和心理健康产生极大的影响，可能造成心血管疾病发病率升高、睡眠质量变差、内分泌异常、抑郁等心理疾病发病率升高、死亡风险增大，长期遭受高水平孤独感的老年人更加脆弱和依赖，被虐待的可能性随之增加（潘露等，2015）。

但是，对于独居与孤独感的关系，学者们也有不一致的研究结论。有些学者认为，独居并不意味着孤独（Andersson，1998）。不与子女同住不一定就会在晚年出现社交孤立，部分老年人正因为孩子不在身边，反而能够充分享受自由，有更多的时间去享受生活、结识朋友、休闲娱乐等，孤独感的发生风险比较低（Wenger，Dykstra，Melkas & Knipscheer，2007）。由此可见，老年人在自身特点、生活环境等方面存在相当大的异质性，独居对孤独感的影响并不能一概而论。

城市对独居老人孤独感的影响可能是双向的。一方面，随着城市人口的不断增长和土地的不断扩张,城市的居住空间呈现立体化和封闭化。与农村熟人社会的邻里关系不同,城市的邻里人际关系呈现陌生化和孤立化(黎熙元和陈福平,2008)。受中国传统文化的影响,现有的养老服务体系尚不完善,独居对孤独感的影响在我国比在西方社会可能更显著(Chi & Chow,1997;Chou & Chi,2000;Yeh & Lo,2004;Lim & Kua,2011)。另一方面,城市让生活更美好(Better City,Better Life)。城市在生活便利、老年服务和保障资源等方面都具有显著的优势。我国城市老年人的子女迁移不像农村那样普遍,目前大部分70岁及以上的城市老年人都会有子女在同一城市居住,可能是"一碗汤的距离",彼此关照且互不打扰,这样的居住安排有助于家庭和谐,减轻独居老人的孤独感(Lou & Ng,2012;钟晓慧和何式凝,2014)。

我国的人口老龄化和城市化进程叠加,加之社会经济转型的影响,重塑了城市居民(包括独居老人)的生活。城市生活对于高龄独居老人的孤独感具有多重影响,而且这些影响的发挥机制还取决于高龄独居老人及其家庭的情况。因此,城市高龄独居老人的孤独感水平到底如何、具体的影响因素及作用机制是怎么样的,这些问题都亟待深入地考察和分析。本研究将基于国家社会科学基金重大项目"未来十年我国城市居家养老保障体系研究"对70岁及以上的城市独居老人的专门调查数据,深入研究城市独居老人的孤独感及影响因素,以期揭示他们的情感和情绪体验以及需求,为相关政策的制定提供数据支持,从而改善城市独居老人的生命质量,帮助他们在家庭或自己熟悉的社区安度晚年。

第一节　文献回顾

一、孤独感的定义和测量

孤独感是一种主观体验,所以不同的人对孤独的理解是不一样的,这也导致孤独感的定义尚没有形成共识。比较经典的定义从社会和情感两个方面来定义，认为孤独感是由于个体感知到的社会关系和情感的缺失而造成的一种不愉快的情绪体验，是一种消极的主观体验（De Jong - Gierveld，1987；Peplau，1982；Weiss，1973；Young，1982）。定义上的争议也导致孤独感在测量上的差异。有的研究只使用一个问题，如“您经常感到孤独吗”来测量被访者的孤独感，完全依据被访者自己的判断。还有研究使用量表来测量，如 UCLA 孤独量表（Loneliness Scale，University of California at Los Angeles）（Russell，Peplau，& Cutrona，1980）。该量表包括 20 个问题来测量被访者的孤独感。这两种测量方法有较高的相关关系（Andersson，1998）。UCLA 孤独量表测量的内容多，相对复杂，其针对人群是年轻人和低龄老年人，而只使用一个问题的测量方法操作容易，更适用于高龄老人（Russell et al，1980；Andersson，1998）。本研究就采用一个问题测量城市高龄独居老人的孤独感。

二、独居老人的孤独感

对比独居老人和非独居老人的孤独感的研究发现，独居老人的孤独感显著高于非独居老人（Go & Tunstall，1968；艾娟和张敏，2012）。非独居老人的心理健康水平和情绪要好于独居老人（You & Lee，2006）。独居老人的代际关系不融洽、社会关系相对较少、生活满意度低，比非独居老人更容易感到孤独和抑郁（Liu & Guo，2007；Liu & Guo，2008）。独居老人更可能经历痛苦、不适、孤独、焦虑和抑郁（Dean，Kolody，Wood & Matt，1992；Sun et al，2011）。

独居的负面效应在我国可能比在西方社会更显著。受中国传统文化的影响，老年人希望与子女住在一起享受天伦之乐（Chi，1995）。我国目前的养老服务体系尚不完善，子女提供的支持依然是老年人获得社会支持的主要来源（Chou & Chi，2003）。在这种情况下，我国的独居老人可能会经历更大的孤独感风险(Yeh & Lo,2004;Chi & Chow,1997;Chou & Chi,2000)。

但是,并不是所有的相关研究认为独居一定会带来情绪和社交上的负面影响。有研究者通过对西欧、北欧、南欧以及日本和以色列的研究发现,有相当一部分独居老人享受独居带来的自由,能够随心安排自己的生活,而不受与子女或他人同住的限制(Wenger et al,2007)。

对于老年人孤独感的城乡差异的研究所得结论也不尽一致。来自英国的研究发现,城市老年人孤独感的发生风险高于农村老年人,可能的原因是城市老年人获得的家庭支持和社会支持不及农村老年人(Jones,Victor & Vetter,1985)。来自美国的研究发现,老年人的孤独感没有城乡差异。我国的研究发现,城市老年人的孤独感低于农村老年人,可能的原因是农村青壮年大量迁移到城市,导致农村老年人有较高的孤独感(黎芝和周亮,2012)。

从这些研究来看,独居虽然可能增加老年人感到孤独的风险,但是独居不一定孤独。某些西方发达地区或者我国城市的老年人(包括独居老人)的孤独感水平可能并不像我们想象的那样严重。

三、独居老人孤独感的影响因素

老年人孤独感的影响因素大致可以归纳为四类:人口特征、社会经济状况、社会关系和健康状况。

高龄老人比低龄老人更容易感到孤独,女性的孤独感高于男性(Pinquart & Sörensen, 2001; Savikko, Routasalo, Tilvis, Strandberg & Pitkälä, 2005)。丧偶、离婚、未婚的老年人比已婚老年人更容易感到孤独(Dykstra & De Jong Gierveld,2004)。较高的受教育程度、居住地为城市的老年人的孤独感较弱(闫志民等,2014)。

社会关系是目前公认的影响老年人孤独感的最重要的因素之一,因为社会关系的缺乏或者不和谐是老年人产生孤独感的主要原因,其他因素多是通过影响社会关系来影响老年人的独孤感。社会关系的数量和质量对孤独感的影响可能不同。社会关系的数量主要指社会关系的规模和联系的频率,社会关系的质量主要指和其他人保持很好的亲密的关系(Pinquart & Sörensen,2001)。社会关系的质量对老年人孤独感的影响比社会关系的数量的影响更重要,因为有些社会关系可能是无效的,甚至会带来紧张和伤害(Rook,1987)。

在我国,家庭关系和家庭支持是社会支持中的最重要的部分。家庭支持对孤独感的影响比其他社会支持和个人特征对孤独感的影响更重要(黎芝和周亮,2012;卢慕雪和郭成,2013)。对独居老人来说,子女是最重要的社会关系,与子女的交流对独居老人的孤独感有巨大的影响,与子女的交流减少会加剧老年人的孤独感(De Jong - Gierveld,1987)。与子女和亲人相比,朋友和邻居的支持对老年人孤独感的影响较弱(Riley,1968)。

身体健康状况较好、生活能够自理以及没有认知缺损的老年人的孤独感较弱,而健康状况、生活自理能力和认知能力较差的老年人更容易感到孤独。可能的原因是疾病、身体功能和认知能力的下降会影响老年人的日常活动,社会交往相应减少,因而产生孤独感(Boss,Kang & Branson,2015;Drageset,2004)。健康的生活方式有助于降低孤独感,经常锻炼和锻炼时间较长的老年人的孤独感也较低(高亮和王莉华,2016)。

从文献回顾和分析可以得出,由于在居住方式上孤立,城市的高龄独居老人可能会遭遇较高的孤独感;但是,城市生活更便利,可能提供更多的保障和服务,城市高龄独居老人的子女迁移并不像农村青壮年那样频繁,更可能与老人留在相同的城市甚至社区,这些有助于减少独居老人孤独感的发生。而且,不同特征的老年人的孤独感也不同。因此,我国城市高龄独居老人的孤独感状况可能与一般印象中的独居老人的孤独感状况不同。但是,以往的研究多是以全体老年人为研究对象,专门针对城市 70 岁及以上独居老人的研究尚不多见。主要原因是缺乏城市高龄独居老人的大样本数据，研究者虽然能够从老年人的数据中提取出这部分研究对象，但是样本量小、缺乏代表性，难以得出有效的结论。

本文将在以往研究的基础上，深入探讨城市70岁及以上独居老人的孤独感及其影响因素。我们首先考察城市高龄独居老人的孤独感水平，其次，我们将文献中出现的可能的影响因素——社会人口特征、健康状况以及社会关系均纳入回归模型研究，来揭示影响城市独居老人孤独感的独特而重要的因素。

第二节　数据和研究方法

一、城市70岁及以上独居老人人口状况与养老意愿调查数据介绍和样本描述

本研究使用的数据来自国家社会科学基金重大项目“未来十年我国城市居家养老保障体系研究”课题组开展的“城市70岁及以上独居老人人口状况与养老意愿调查”。该调查依据我国区域分布与社会经济状况，选定上海、广州、成都、呼和浩特和大连5个城市作为调查地区，采取四阶段随机抽样设计，依次选取5个城市中有代表性的行政区域、街道、居委会小区，从被选中的居委会小区中，按习惯的门牌号从前到后抽取50名70岁及以上独居老人作为调查对象。调查对象是2012年12月31日年满70岁及以上、在调查时常住本地区半年以上的独居老人（以晚间睡觉仅1位老年人为准）。调查时间为2013年11～12月和2014年1～4月。调查问卷包括短表和长表，在初选问卷中，认知能力得分6分及以上（总分是10分）的老年人回答长表问卷，得分为6分以下的老年人回答短表问卷。本研究主要使用该调查的长表数据。删除缺失值后，本研究的分析样本为2 153个。

该调查收集了个人信息、经济收入和社会参与、健康和照顾、居住和家

庭设施、文化和精神生活等方面的丰富信息，为本研究的进行提供了重要的数据支持。

二、孤独感和影响因素测量

（一）孤独感的测量

本研究对孤独感的测量使用一个问题“您经常感到孤独吗”，初始选项为“1. 从未感到；2. 有时感到；3. 经常感到”。在回归分析中，我们结合这些选项的含义及其取值分布特征，进行二分化处理，“从未感到”编码为0，“有时感到”和“经常感到”合并为“有时或经常感到”，编码为1。

（二）社会人口特征的测量

人口特征主要包含年龄、性别和婚姻状况。我们将年龄分成4组：70～74岁、75～79岁、80～84岁和85岁及以上。婚姻状况分为有配偶和无配偶（包括丧偶、离婚和未婚）。社会经济状况包括受教育程度和自评经济状况。受教育程度包括4类，不识字或识字很少、小学、初中和高中及以上。由于人们一般倾向隐瞒实际的收入，因而收入的信息很难收集，而且数据质量不高，所以我们选择老年人的自评经济状况来衡量他们的经济状况。根据老年人对自己的经济状况的评价分为三类：宽裕、一般和困难。

调查所在的5个城市——呼和浩特、大连、上海、广州和成都，代表了不同地域和社会经济文化方面的差异。比如，呼和浩特和大连是北方城市，上海、广州和成都属于南方城市。上海、大连和广州是东部城市，呼和浩特和成都是西部城市，这也代表了社会经济发展程度的差异。这些城市在社会文化方面也表现出巨大的差异。我们将城市作为一个分类变量，考察不同城市的独居老人的孤独感。

（三）社会关系的测量

根据被访老人的社会关系构建，采取四个方面的变量衡量独居老人的社会支持，包括社会支持的数量和质量。

一是独居老人与子女和家人的联系情况以及他们关系的亲密程度，包括三个变量。①老人与子女的居住距离，答案分为四类：同一居委会、同一街道或镇、同一市不同街道或镇、同一省但不同市或其他省市，我们取居住距离最近的子女的数据。②最近3个月内家人是否经常上门看望或电话问候：几乎每天、每周4~5次、每周1~3次、每月1~3次、每两个月及以上1次或从来没有。③自评与家人的关系状况：很好、比较好、一般、不太好、很不好。前两个变量反映独居老人与子女和家人关系的数量，后一个变量反映与子女和家人关系的质量。

二是独居老人与邻居的联系情况（数量）和关系亲密程度（质量），包括两个变量：最近3个月内邻居们是否经常上门看望或电话问候和独居老人自评与邻居的关系。

三是近两年是否由于搬迁或去世而失去能给自己提供帮助的人，原始答案包括十类，重新分为三类：未失去、失去子女和失去其他人（包括孙辈、其他亲戚、邻居、朋友、社区干部等）。

四是是否参加社区中各类社会活动，活动包括社区或居民活动、老年活动室或中心、社会文化中心、老年学校和户外或室内健身点的各类活动。

（四）健康状况的测量

健康状况的测量包括三个变量：自评健康，分为好、一般和不好；生活自理能力，包括能自理、部分或完全不能自理两类；认知能力，按得分分为三类，10分、8~9分和6~7分。

（五）研究方法

回归模型以是否感到孤独这个二分类变量为因变量，通过拟合Logistics模型考察人口特征、社会经济状况、社会关系和健康状况对城市高龄独居老人孤独感的影响。

第三节　研究发现

一、城市70岁及以上独居老人的孤独感现状及样本分布特征

在被调查的70岁及以上独居老人中，从来不感到孤独的比重是39.76%，有时感到孤独的比重是44.68%，经常感到孤独的比重是15.56%。

表3-1是独居老人的样本分布特征以及自变量和是否感到孤独的关系的卡方检验。城市高龄独居老人的人口特征鲜明，女性、无配偶、社会经济地位低是主要特征。样本中独居老人的健康状况较好，这可能和样本是筛选认知能力得分为6分以上的老人有关。距离最近的子女与独居老人住在同一居委会的有21.55%；超过一半的住在同一城市但不同的街道或镇；还有大约7.71%的独居老人子女住在其他市或其他省，这个比例虽然比较低，但是当这些独居老人需要帮助的时候，子女会由于距离太远无法提供帮助。家人和独居老人联系得相对比较频繁，每天有联系的占26.80%，超过两个月看望或联系的只有10.54%。独居老人与家人的关系比较密切，老年人自评关系"非常好"和"好"的比例达到86.25%，自评"差"的只有1.25%。与邻居的联系频率低于与家人的联系频率。独居老人与邻居基本能够保持不错的关系，只有1.81%的老年人认为与邻居的关系差。大约6%的老年人在过去两年由于搬迁和亲人去世或其他原因失去子女的帮助，约19.18%的老年人失去其他人的帮助。独居老人参加社区活动的比例比较低，不到50%。

自变量与孤独感的两两卡方检验表明，除了年龄和是否参加社会活动，其他自变量与孤独感均有显著的相关关系。不过，这些影响因素的作用还需要在多元Logistics回归模型中进一步检验，在控制其他变量的基础

上,哪些变量依然具有显著的影响。

表 3-1 城市 70 岁及以上独居老人的样本分布特征与孤独感的关系检验

变量	比重/%	从未感到孤独/%	有时或经常感到孤独/%	显著性检验
调查地区				51.40(4)***
上海	29.03	39.84	60.16	
呼和浩特	14.82	22.88	77.12	
大连	23.32	41.04	58.96	
广州	16.58	47.06	52.94	
成都	16.26	45.71	54.29	
人口特征				
年龄				5.17(3)
70~74 岁	28.19	37.89	62.11	
75~79 岁	32.79	42.07	57.93	
80~84 岁	26.75	37.33	62.67	
≥85 岁	12.26	43.18	56.82	
性别				8.00(1)***
男	28.84	44.44	55.56	
女	71.16	37.86	62.14	
婚姻状况				2.06(1)
有配偶	15.56	43.28	56.72	
无配偶	84.44	39.11	60.89	
社会经济特征				
受教育程度				
不识字或识字很少	21.97	43.55	56.45	
小学	32.98	42.11	57.89	16.51(4)***
初中	22.34	40.33	59.67	
高中及以上	22.71	32.11	67.89	
自评经济状况				66.49(2)***

续表

变量	比重/%	从未感到孤独/%	有时或经常感到孤独/%	显著性检验
富裕	31.77	51.61	48.39	
一般	52.07	36.22	63.78	
困难	16.16	27.87	72.13	
社会关系				
最近子女的居住距离				27.30(3)***
同一居委会	21.55	46.98	53.02	
同一街道或镇但不同居委会	19.09	45.74	54.26	
同一市但不同街道或镇	51.65	35.16	64.84	
同一省但不同市或其他省	7.71	35.54	64.46	
最近3个月家人上门看望或打电话的频率				61.93(4)***
几乎每天	26.80	48.01	51.99	
每周4~5次	18.90	43.49	56.51	
每周1~3次	29.49	40.16	59.84	
每月1~3次	14.26	33.22	66.78	
每两个月及以上1次或从来没有	10.54	19.82	80.18	
与家人的关系				61.38(3)***
非常好	54.71	47.11	52.89	
好	31.54	32.40	67.60	
一般	12.49	26.77	73.23	
差	1.25	33.33	66.67	
最近3个月邻居上门看望或打电话的频率				26.32(4)***
几乎每天	26.80	46.94	53.06	
每周4~5次	18.90	42.90	57.10	
每周1~3次	29.49	43.47	56.53	
每月1~3次	14.26	33.33	66.67	

续表

变量	比重/%	从未感到孤独/%	有时或经常感到孤独/%	显著性检验
每两个月及以上1次或从来没有	10.54	34.16	65.84	
与邻居的关系				28.48(3)***
非常好	38.78	46.47	53.53	
好	40.73	36.83	63.17	
一般	18.67	33.58	66.42	
差	1.81	25.64	74.36	
最近2年是否由于搬迁或去世失去提供帮助的人				68.52(3)***
没有失去	63.26	46.26	53.74	
子女	5.90	27.56	72.44	
其他人	19.18	26.15	73.85	
无法回答	11.66	33.07	66.93	
是否参加社区的各项活动				2.54(1)
不参加	54.44	41.30	58.70	
参加	45.56	37.92	62.08	
健康状况				
自评健康				124.52(2)***
好	34.05	55.80	44.20	
一般	37.67	34.03	65.97	
差	28.29	28.08	71.92	
生活自理能力				61.81(1)***
能自理	82.21	43.62	56.38	
部分或完全不能自理	17.79	21.93	78.07	
认知能力得分				10.13(2)***
10分	51.83	42.65	57.35	
8~9分	29.03	38.40	61.60	
6~7分	19.14	33.98	66.02	

注：* 指 $P<0.1$，** 指 $P<0.05$，*** 指 $P<0.01$。计算数据时进行了四舍五入。

二、影响城市独居老人孤独感的因素

城市独居老人孤独感的影响因素的分析结果见表 3 - 2。如果变量的发生比大于 1 且显著，表明相对于参照组，该组孤独感的发生风险显著增高，反之亦然。

（一）人口特征、社会经济状况对孤独感的影响

年龄、性别、婚姻状况、受教育程度、自评经济状况和所居城市均显著影响独居老人的孤独感。年龄的影响不是线性的，仅 80 ~ 84 岁组高龄老人产生孤独感的风险显著高于 70 ~ 74 岁组老人（参照组），其他年龄组与参照组没有显著差异。女性独居老人比男性更容易产生孤独感，其发生风险比男性高约 45%。没有配偶的独居老人产生孤独感的风险比有配偶的独居老人高约 52%。

受教育程度显著影响独居老人的孤独感，受教育程度越高，独居老人发生孤独感风险也越高。受小学教育程度的独居老人与不识字或识字很少的独居老人的孤独感没有显著差异，但是受初中教育程度的老年人发生孤独感的风险是不识字或识字很少老年人的 1.31 倍，高中及以上大约是 1.9 倍。老年人的自评经济状况越差，发生孤独感的风险也越高。自评经济状况困难和一般的独居老人的孤独感发生风险比宽裕组分别高 78% 和 40%。这与我们的认知相契合，经济状况较差的独居老人会比较担忧自己的生活和养老，同时，与富裕的老年人对比也会产生心理落差，这些可能成为孤独感产生的诱因。

不同城市的独居老人的孤独感发生风险有显著差异。一个非常有趣的发现是：从北到南，独居老人的孤独感发生风险是递减的。呼和浩特的独居老人的孤独感的发生风险是上海独居老人的近 2 倍。大连的独居老人与上海的独居老人虽然没有显著差异，但是发生风险要比上海高。广州和成都独居老人的孤独感的发生风险显著低于上海独居老人。

表 3－2　城市 70 岁及以上独居老人的孤独感及影响因素

变量	发生比	变量	发生比
人口社会特征		**社会支持**	
年龄(70～74 岁)		最近子女的居住距离	1.1566***
75～79 岁	0.9406	与家人的关系	1.2518***
80～84 岁	1.4869***	家人上门看望或打电话的频率	1.1575***
80～85 岁	1.1079	与邻居的关系	1.0777
性别(男)	1.4508***	邻居上门看望或打电话的频率	1.0501
婚姻状况(有配偶)	1.5195***	由于搬迁或去世失去提供帮助的人(没有失去)	
受教育程度(不识字)		子女	1.6523**
小学	1.1780	其他人	1.7571***
初中	1.3088*	无法回答	1.6213***
高中及以上	1.8958***	是否参加社区的各项活动(是)	1.1433
自评经济状况(宽裕)		**健康状况**	
一般	1.4046***	自评健康(好)	
困难	1.7789***	一般	1.9396***
调查地区(上海)		不好	2.2479***
呼和浩特	1.9299***	生活部分或完全不能自理(能自理)	1.9070***
大连	1.1008	认知能力(10 分)	
广州	0.7447*	8～9 分	1.0529
成都	0.6797**	6～7 分	1.1056
		常数项	0.0492***

注：①变量列括号内为参照组；② * 指 $p<0.1$，** 指 $p<0.05$，*** 指 $p<0.01$。

(二)社会关系对独居老人孤独感的影响

子女与老年人的居住距离显著影响独居老人的孤独感，居住距离越远，独居老人的孤独感越强。3 个月内与家人的联系频率越低，与家人的关系越差，产生孤独感的可能性越大。与家人的紧密联系以及维持良好的关系有助于排解城市中高龄独居老人的孤独感。虽然独居老人与邻居之间也有交流，并且保持不错的关系，但是来自邻居的支持并不显著影响独居老人的孤独感。由于各种原因失去可提供帮助的人对独居老人的孤独感有非常显著的影响。与没有失去提供帮助的人的独居老人相比，失去子女的独居老人产生孤独感的风险高出约65%，失去其他提供帮助的人可以使孤独感的发生风险提高约76%。由此可见，损失社会关系，不论是失去子女，还是配偶以及其他能够为老年人提供帮助的人，对独居老人的打击是很大的，会带来强烈的孤独感。“无法回答”作为一类，也显著影响独居老人的孤独感。“无法回答”很可能是由于老年人的不可预测的健康状况或其他原因而无法回答，这些原因也是独居老人产生孤独感的诱因。独居老人是否参加各类社会活动并不显著影响其孤独感。

（三）健康状况对独居老人孤独感的影响

健康状况也是影响城市高龄独居老人的孤独感的显著因素。自评健康状况一般和不好的独居老人的孤独感的发生风险分别是健康状况好的独居老人的1.94倍和2.25倍。部分或完全不能自理的独居老人比能自理的独居老人的孤独感的发生风险高1.9倍。认知能力在本研究中并不显著影响独居老人的孤独感，这可能和我们筛选样本时将认知能力低下的老人排除在外有关。回答长表问卷的被访老人的认知能力基本可以满足日常生活和交流的需要，不会因为认知能力而影响老年人参与社会活动的自信心以及与其他人沟通的意愿，也就不会由此产生孤独感。

总　结

伴随着少子老龄化和城市化的进程，独居逐渐成为城市高龄老人重要的居住方式。孤独感作为影响城市高龄独居老人生命质量的一个重要因素，备受个人、家庭和社会的关注。

一、城市 70 岁及以上独居老人的孤独感水平

调查样本中有 39.8% 的独居老人从来不感到孤独，有时感到孤独的有 44.6%，经常感到孤独的占 15.6% 左右。在上海崇明区一项 60 岁及以上独居老人的调查中：较低水平的孤独感占 15.4%，中等水平的孤独感占 58.9%，较高水平的孤独感占 25.7%（Chen，Hicks & While，2014）。与该项研究的结果相比较，本研究中的独居老人的孤独感水平较低。上海虽然是国际大都市，崇明区却是以农业为主，对崇明区调查中的老年人多是从事农业的老年人，而本研究中的老年人是城区老年人。另外，其他关于老年人（不分独居与非独居，不分城乡，包括 70 岁以下的老年人）的孤独感的研究显示，较低水平孤独感的为 19% ~51%，中等水平孤独感的为 41% ~56%，较高水平孤独感的为 9% ~25%（Chen et al，2014）。比较而言，本研究中的城市高龄独居老人的孤独感较低。这可能是本研究测量孤独感的方式与其他研究不同，本研究使用一个问题来度量孤独感，而其他研究有的使用 UCLA 量表。UCLA 量表综合 20 项情绪和情感体验测量的孤独感，维度多、复杂度高，有可能导致孤独感的得分较高。也有可能是城市可以通过提供更丰富的生活和更加健全的保障和服务降低独居老人产生孤独感的风险。本研究中 70 岁及以上的老年人还是以多子女为主，城市可以提供更多的就业机会，独居老人的子女不需要迁移到异地来获得工作，同城不同居的方式使得子女能够为独居老人提供必要的支持，从而减少独居老人产生孤独感的可能性。也可能与样本的选择性有关。本研究使用的数据在选取回答调查长表的老年人时，为了尽可能地获取独居老人的状况和需求的信息，长表样本筛选掉了由于认知能力非常低而无法参加调查的老年人，导致本研究中的独居老人的整体健康水平偏高，孤独感水平可能偏低。不过，样本所在的 5 个城市——成都、呼和浩特、大连、广州、上海分

别代表了中国不同经济发展水平的城市地区，在选择被访老年人时，严格遵循随机的原则，在一定程度上保证了样本对城市独居老人的代表性。因此，本研究的结果在一定程度上可以反映我国城市 70 岁及以上独居老人的孤独感水平。

二、人口—社会经济特征和健康状况对城市独居老人的孤独感的影响

女性、无配偶以及经济状况较差的独居老人更可能产生孤独感，这些结果与以往的研究一致（Chen et al，2014）。同时，这三个特征也是独居老人的普遍特征，如在本研究中，女性的比重是 71.16%，无配偶的比重是 84.44%，经济状况一般和贫穷的比重是 68.23%，这些类型的独居老人需要特别的关注。

通常来说，社会经济地位较高的老年人能够有更多的方法来消减独居的负面影响。但是，本研究发现，城市受教育程度高的独居老人的孤独感发生风险高于受教育程度低的独居老人，这与 Hazer 等（2010）的研究结论一致，但是与 Savikko 等（2010）人的研究正好相反。一般而言，受教育程度高的老年人拥有更丰富的社会资源，参与社会活动也会比较多，孤独感发生风险比较低。但是，丰富的社会资源对情感和情绪的影响是多方面的，有可能是负面的，会增加孤独感发生的风险。正如本研究所发现的，参与更多的社会活动并不能降低独居老人孤独感的发生率。而且，受教育程度高的老年人情感需求的层次相对较高，内容也相对丰富和细腻，当需求预期与现实之间产生差距时，会增加孤独感。因此，预防独居老人孤独感的发生需要因地制宜，充分重视个体的需求差异。

独居老人的健康状况对他们的孤独感有非常显著的影响，身体健康和生活能够自理的老年人，孤独感的发生概率也比较低。这一发现印证了以往健康对孤独感影响的研究（Boss et al，2015；Drageset，2004）。究其原因，

老年人患病以及身体功能下降会影响日常活动，社会交往相应减少，社会活动的参与也减少，孤独感更容易产生。另外，健康状况较差的老年人，日常生活中需要的帮助和照护比较多，独居老人的自我效能感差，也会导致老年人产生孤独感。

三、不同城市的独居老人的孤独感

呼和浩特、大连、上海、广州和成都的独居老人的孤独感从北到南越来越低，表现出明显的南北地域差异。这可能和地理气候有关，也可能和城市化进程和城市建设对原有的社会关系和社会生活的影响有关（黎熙元和陈福平，2008）。呼和浩特地处北方，调查进行时天气寒冷，老年人只能在室内活动，但是有很多老小区是没有公共活动空间的。呼和浩特的城市建设速度很快，改造旧城，建立新城，打破了以往的社会关系和社会生活的联系，新的社会关系和社会生活的联结机制尚未建立，即使新的小区有公共活动空间，但是并没有形成能够进行有效的社会交往的环境，独居老人在这样的环境中非常容易产生孤独感。大连地处海滨，气候比呼和浩特暖和，经济发展水平在东北地区位列第一，大连独居老人的孤独感低于呼和浩特。上海地处长江入海口，气候较热，人均 GDP 位居全国第一，城市生活非常便利，社会经济发展程度比较高。在城市化的进程中，大量的外来人口涌入上海，城市文化呈现多元性和异质性，但是没有足够的时间彼此相互融合。在这样的环境中，上海独居老人的孤独感的水平处于中间。广州地处华南，气候炎热。和上海相似，也是人口净迁入的国际大都市，但是广州宗族观念浓厚。而且广州的休闲娱乐和饮食文化丰富，盛行吃早茶、玩花鸟。这些能够为社会资本的产生提供极大的便利（周雪光，2006），有助于降低独居老人的孤独感。成都地处天府之国，气候炎热，休闲娱乐与饮食文化丰富，“尚滋味”“俗尚嬉游，家多宴乐”，在城市化进程和社会经济转型中，能够保持传统的社会生活和情感连接。这样的特点能够为社区居民

(包括独居老人)的社会交往提供良好的社会生态环境(周雪光,2006),独居老人有较低的孤独感。

四、社会支持与城市独居老人的孤独感

有效和亲密的社会支持对降低独居老人孤独感的发生风险至关重要,因为它可以通过促进人际关系和增加独居老人参加有益的社会活动来消减老年人的孤独感。在西方国家,朋友和邻居的支持对预防和缓解老年人孤独感的发生非常重要(Pinquart & Sörensen,2001),当老年人遇到问题或者感到孤独的时候,经常会寻求朋友的帮助(Cantor,1979)。我们的研究发现,对于预防或者减少独居老人的孤独感的发生,来自子女和家人的支持比来自邻居的支持更重要,这和其他有关我国独居老人孤独感的影响因素的研究相一致(Chen et al,2014)。这可能和中国传统的家庭和亲情文化有关。中国人通常与家人保持非常亲密的联系,彼此间提供很多帮助。独居老人也更加看重和依赖子女和家人的支持和慰藉(Chi & Chou,2001;Li et al,2014)。虽然与邻居也保持来往,但多是礼尚往来,是浅层次上的交流,并没有达到如家人一般程度的交流,而孤独感是较深层次的情感体验,因此与邻居的交往对降低独居老人孤独感的发生风险的作用很微小(Antonucci,1986)。我们也考虑加入社区干部的交往和关系状况,但是这两个变量对独居老人的孤独感没有显著影响,这可能与社区的治理和建设资源匮乏、来自社区干部的支持不能真正满足独居老人的需求有关。

在过去两年内由于搬迁和亲人朋友去世或其他原因失去能够提供帮助的人对独居老人的独孤感有非常强烈的影响作用。独居老人面对子女、亲人和朋友的离开表现得非常脆弱,特别是那些对自己很重要、为自己提供很多帮助的人,他们很可能会将自身封闭起来,减少与外界的联系,有非常强烈的孤独感。因此,当独居老人的居住地发生变化,周围是不熟悉的

社区,或者他们亲近的亲人和朋友离去时,家人和相关社区工作者要特别关注他们的行为和情感变化。如果出现老年人减少社会交往,将自己隔离起来的情形,一定要及时采取措施,关心和照顾老年人,预防和减轻老年人的孤独感。

五、研究局限与展望

本研究存在的不足:首先,由于调查数据不是专门针对独居老人的孤独感的调查,因此,本研究只能对城市独居老人的孤独感有一个总体的认知,不能从多个维度深入考察独居老人的消极的情感体验;其次,由于经费的限制和抽样的困难,本研究只能选取 5 个相对有代表性的城市来抽样,样本的代表性稍显不足。

虽然城市高龄独居老人的孤独感并不像我们想象中的高,但是不同特征的独居老人的孤独感有显著差异,女性、高龄、经济状况不富裕、缺乏社会支持的独居老人和健康状况差的独居老人有较高的孤独感。目前 70 岁以上的老年人还是以多子女为主,家庭支持的可能性和可行性比较高。但是,从 20 世纪 70 年代末后出生的人群在进入 70 岁之后,人口的快速迁移流动和关系的变迁会使更多的老年人和子女分开居住,甚至异地居住,来自家人的支持会因为距离的增加而减少。子女即使愿意也无法为老年人提供更多的经济支持、生活照料以及精神慰藉。在这种情况下,来自邻居、朋友和社区干部以及志愿者的支持会由于其较高的可获得性和便利性而越来越重要。但是,我国城市化进程重塑了城市居民(包括独居老人)的社会关系和社会生活,加之社区建设尚不成熟,如何构建有益的社会生活和社会关系,使邻居和社区干部以及志愿者对老年人的支持能够真正有益于老年人,满足老年人特别是独居老人的需求,是一项任重道远的工作。目前在许多社区中推行的结对互助活动,低龄老人为高龄老人提供服务的老伙伴项目,守望相助,帮助了很多有需求的老年人,包括独居老人,也推动了老年人特别是独居老人走出家门，参与社区活动。这些活动的进一步规范化和持续进行，不仅需要社区共同努力和建设，也需要国家和政府的支持和引导。

第四部分

福利院老年人的自评幸福度研究①

引　言

随着我国快速的人口老龄化和老年人口高龄化，老年人的养老问题备受关注。我国目前正在逐步建立和完善以居家养老为基础、社区服务为依托、机构养老为补充的养老服务体系。虽然机构养老只是整个养老服务体系的补充，但是由于我国老年人口规模庞大，2015 年全国 1% 人口抽样调查数据显示，中国 60 岁以上和 80 岁及以上的人口数量分别为 2.12 亿人、2 339 万人，对养老机构的需求非常巨大。国家统计局数据显示，2017 年年末，我国有各类养老服务机构 2.9 万个，其中养老服务床位 714.2 万张，随着人口老龄化的进一步深化，预计未来需要入住各类养老机构的老年人会

① 本部分收录于华东理工大学出版社出版的《老年社会工作实务研究》，感谢该书的主编安秋玲副教授和出版社的编辑以及相关工作人员。

不断增加。目前有关养老机构的研究一般集中在两个方面:一方面,如何加快建设养老机构来满足老年人的养老需求;另一方面,关注养老机构中老年人的生命质量(Kane et al,2003)。生命质量是多维度的指标,包括客观指标,如养老院的硬件设施、日常照料和护理以及精神慰藉,也包括主观指标,如老年人的自评幸福度(Lawton,1991)。自评幸福度是衡量个体老龄化和心理适应的重要指标,也是评价有关老年人的政策和福利以及医疗卫生事业发展的重要指标(Baltes & Baltes,1990;Kahn,2002;Rowe & Kahn,1987,1997;Smith & Baltes,1999;Smith et al,2002)。目前有关老年人自评幸福度的研究在老年学、人口学和社会学中越来越受到关注,深入全面研究养老机构老年人的自评幸福度具有十分重要的意义。

入住养老机构,如福利院的老年人的年龄一般都比较高,平均年龄在80岁以上,他们的生活自理能力和认知能力相对比较差,健康状况的衰退与社会角色和关系的丧失可能会使他们有较低的自评幸福度(Birren et al,2014;Fries et al,2000;Smith & Gerstorf,2004)。而且,相比于居家养老的老年人,入住福利院的老年人一般与其他老年人合住,家庭的归属性、个体的私密性和对生活的控制性降低,这些也会降低老年人的自评幸福度(Hicks,2000;Scocco et al,2006;Shenk et al,2004)。但是以往的研究也表明,自评幸福度在中年期和老年期保持相对稳定(Diener et al,1999;Kunzmann et al,2001;Gerstorf et al,2010)。Zeng、Vaupel(2002)指出自评幸福度在80~89岁组、90~99岁组和100~105岁组没有显著差异。同时,福利院老年人的生活规律、衣食住行有专人照料、有同龄人共同娱乐和参加各种活动,这些会促进老年人的自评幸福度。也就是说,在福利院养老对老年人的自评幸福度的影响是双向的。

本研究的研究对象是上海市第一福利院的老年人。上海早在1979年就进入老龄社会,比全国早了20年,是我国第一个跨入老龄社会的省(市),也是我国人均GDP最高的省(市),在老龄化研究和养老实践方面都有较好的基础和表现。上海市第一社会福利院创建于 1964 年,建筑面积 5 392 平方米,现有 190 张老人床位,是一所由政府投资建造,面向社区,为老年人提供机构住养服务和社区养老服务的示范性市级福利院。它地处徐汇区的宛平南路,交通便利,内部设施良好,收费低廉,有医生常驻,日常照料和护理专业规范。因此,选取上海市第一福利院的老年人作为研究对象是进行自评幸福度深入研究的比较好的开端。

第一节　文献回顾

一、自评幸福度的定义和测量

虽然幸福是人生追求的一个目标,但是每个人对幸福的理解是不同的,因此制定幸福的客观标准是不可能也不现实的,所以我们一般使用个体主观评价的幸福度,也就是自评幸福度。自评幸福度的定义有很多,但是基本没有得到普遍认同。目前取得的共识就是要强调个体的主观经验,自评幸福度作为一种态度,至少需要包括认知和情感两个方面(Andrews & Mckennell, 1980)。认知,如生活满意度。情感又分为两个方面:积极情感和消极情感(Bradburn, 1969)。积极情感,如快乐、兴奋等;消极情感,如抑郁、焦虑、孤独等。

在研究实践中,研究者们研制出各种量表来测量自评幸福度,其中比较常用的量表有生活满意度指数(Neugarten et al, 1961)、纽芬兰纪念大学的快乐量表(Kozma & Stons, 1980)、Bradburn(1969)的情感量表、费城老年中心的心境量表(Lawton, 1975)等。

虽然自评幸福度的定义和测量还处于不断的探讨和发展中,但是自评幸福度应该是多维度、多变量测量得到比较普遍的认同。

二、自评幸福度的影响因素

以往的定量研究显示，健康状况、认知能力、性别、婚姻状况、社会支持（包括家庭支持）、经济状况以及活动参与（包括社会活动参与和爱好）都是影响自评幸福度的因素（Isaacowitz & Smith，2003；Pinquart & Sorensen，2000；李德明等，2008；李强等，2004）。对老年人来说，最重要的影响因素是自评健康和生理功能（Porter，2005；Windle & Woods，2004）。除了这些客观因素外，性格、自我效能感、对生活的控制感、自我调节能力这些个体的内在因素都显著影响老年人的自评幸福度（Diener，Lucas & Scollon，2006；George，2000；Smith & Gersdorf，2004；Windle & Woods，2004；Rotter，1966）。老年人性格乐观、感觉自己有用且能够自主自己地生活，能够及时调整自己适应环境，他们的自评幸福度就高，反之，他们的自评幸福度就低。

社会支持（包括家庭支持）的作用相对比较复杂。有研究显示家庭支持会减轻孤独感（Victor，Scambler，Bowling & Bond，2005），但是也有研究显示来自家庭的非正式支持和老年人的自评幸福度成反比，也就是说获得家庭支持的老年人的自评幸福度低（Bondevik & Skogstad，1998；Drageset，2002，2004）。这样的研究结论一般来自横截面研究，有可能是自评幸福度的选择性造成的。比如，当老年人的孤独和抑郁情绪比较高的时候，家庭成员相应地会提供较多的支持来缓解老年人的孤独和抑郁，横截面的研究就会发现家庭支持多，老年人的孤独感和抑郁感也高。实际上，正确的因果关系使老年人感到很孤独、很抑郁（原因），需要家人的情感慰藉，所以，他们获得的家庭支持更多（结果）。只有纵向数据和深度访谈才能够揭示正确的因果关系。也有研究显示，老年人与成年子女实际的互动并不会显著影响老年人的自评幸福度，但是如果能够让老年人认为当他需要的时候能够得到帮助则会大大提高老年人的自评幸福度（Pinquart & Sorensen，2000）。

因此，本研究对福利院老年人的自评幸福度的考察既包括老年人对生活的认知，即生活满意度，也包括老年人的情感，即积极情感和消极情感。本研究主要是定性研究，通过与老年人的深度访谈来发现老年人对生活满意度和他们的情感的表述方式，并且根据他们的表述来确定他们的自评幸福度的类别，揭示影响福利院老年人的自评幸福度的因素。

第二节　访谈研究设计与数据收集

本研究获得上海市第一社会福利院的大力支持，他们提供访谈名单，由华东师范大学的一、二年级的本科生对老年人进行访谈。访谈均获得老年人的同意，选取的样本必须是神志清楚、没有认知困难、能够进行访谈的老年人。

我们访谈了 15 位福利院的老年人，8 位男性，7 位女性，最高年龄是 91 岁，最低年龄是 73 岁，平均年龄是 85.8 岁（表 4－1）。其中只有一位老年人是文盲，依靠子女的资助生活，其他 14 位老人均受过不同程度的教育并依靠退休金生活。均是丧偶老人，但是都有子女，大部分老年人身体健康状况较差，需要不同程度的照料。

访谈是半结构式的，参与访谈的学生和老年人进行比较随意的聊天，了解老年人的社会经济状况、经济收入、子女情况、健康状况、活动参与、生活满意度、积极情感和消极情感。访谈获得老年人的同意后进行录音，访谈学生根据录音记录整理。

表 4－1　上海市第一社会福利院受访老人的基本情况

性别	年龄	受教育状况	经济来源	能否自给	婚姻状况	是否健康	子女数量
男	91	高中	退休金	是	丧偶	否	一儿
女	84	初中	退休金	是	丧偶	否	一儿二女
男	86	初中	退休金	否	丧偶	否	三女
男	89	高中	退休金	是	丧偶	是	一儿一女

续表

性别	年龄	受教育状况	经济来源	能否自给	婚姻状况	是否健康	子女数量
男	73	高中	退休金和租金	是	丧偶	否	二女
女	85	高中	退休金	否	丧偶	是	五个子女
男	91	高中	退休金	是	丧偶	否	一儿
女	82	初中	退休金	否	丧偶	否	一儿六女
女	85	文盲	子女资助	否	丧偶	是	二儿二女
女	84	大专	退休金	否	丧偶	否	一女
女	86	高中	退休金	是	丧偶	是	一儿二女
男	83	不详	退休金	是	丧偶	否	二女
男	90	初中	退休金	否	丧偶	否	一儿二女
女	90	小学	退休金	是	丧偶	否	八个子女
男	88	大学	退休金	是	丧偶	否	一儿一女

第三节　研究发现

我们在整理和分析访谈数据后发现，总体来讲，上海市第一福利院的老年人的自评幸福度较高，15位老年人均没有明确表述对生活很不满意。受访老年人表示对目前的生活满意，但是满意的程度不同。根据他们的表述，我们将之分为两类：一类是自评幸福度很高，具体讲就是生活满意度非常高，比较快乐和开心，没有孤独、紧张这样的负面情感；另一类是自评幸福度一般，对生活基本满意，心情平静，既不特别开心，也不特别不开心，偶尔会有孤独的感觉。

自评幸福度很高的老年人，会选择“很满意”“非常满意”“蛮快乐”这样的词语来评价自己目前的生活和情感，基本不使用诸如孤独和不开心此类的负面词语。比如，90岁的于奶奶在来福利院之前自己独居。她比较了独居和在福利院的生活后，对当前福利院的生活非常满意。

于奶奶："我满意，我很满意，我觉得我来到了这儿以后，可能在家里活不了这么长，真的，家里真的活不了这么长。有一天晚上，下大雨啊，那个玻璃啊都快碎了，那个好像冰雹一样的。哎哟，我想那怎么弄啊，我儿子打电话过来说，妈妈您不要害怕啊，不要紧的。哎哟，这个时候我就觉得很孤单的。

"所以我不大回去的，怕……我孩子总让我回去，除非过年过节回去，我不愿意回去。为什么呢？我的生活被打乱了，在这里，我们都睡得比较早，很有规律。

"真的，我觉得蛮快乐的了。因为什么呢？它主要是生活有规律，对吧？而且我能参加一些活动，能够接触外面一些新的知识，了解好多好多情况，否则的话，你一个人看报纸、看电视，也无聊的，对吧！"

其他自评幸福度很高的老年人表述不完全一致，但是他们都有一个比较的过程，如于奶奶是比较了自己以前独居和现在在福利院的生活。还有一位85岁的朱奶奶，她对自己比大部分同辈人活得长很满意，因而对目前的生活非常满意，因此将他们归为一类。

朱奶奶，85岁："很满意的。其实我现在这个年龄，在过去很多人活不到这么大年龄的，早早地就走掉了。现在关键是国家领导得好，让我不愁吃、不愁穿，活得就长了。没有什么不满意的，现在也不用操心，就这样平平安安的就好。"

周爷爷，89岁："现在的生活是我感觉最满意的……还是蛮好。我已经八十九岁了，活够了，已经够本了。"

这类老人通常能够指出生活中最满意的地方。

周爷爷，89岁："最满意的就是说我们整个国家的进步吧。我们跟着它的进步来嘛。"

王奶奶，85岁："最满意的是生活非常丰富多彩，能跟其他老人一起聊聊天，做做活动。"

自评幸福度一般的一类老年人，一般会用“基本满意”这样的词语来评价目前的生活。

王爷爷，83岁：“基本满意，对未来也没有什么期望，只要平平淡淡就好。在养老院里面，有些老人啊，很难跟别人沟通，如耳聋或者脑子有点问题的。所以到养老院来之后，又会有新的烦恼。比如，有的老年人，因为是集体生活，有些人不讲卫生，但是你不能批评他，他也不是故意的，有些人讲话也不讲礼貌的，也不能对他叫的。所以在养老院最好是一个人一个房间。”

自评幸福度一般的老年人对目前生活现状的接受度不及自评幸福度评价很高的老年人。在第一福利院，一般是3～4个老年人合住，每个老年人都有自己不同的习惯和爱好，生活中难免有摩擦。接受度较高的老年人自评幸福度很高，在谈话中基本不会谈到生活中的不如意，一般会和访谈员聊自己生活中的高兴事、子女的情况、子女经常来探望自己、自己的爱好等。接受度相对较低的老年人，在表达了自己基本满意后，会忍不住和访谈员谈论生活中的一些不如意。如上述的王爷爷，在表达了自己对生活基本满意外，会忍不住倾诉与他人同住的不习惯。

还有的老年人会比较详细地描述自己觉得不满意的方面，并且会使用表达自己消极情感的词语。

赵爷爷，90岁：“不满意的地方也是有的，一个是不让我们自由出去。我举个例子，我们看电视，我喜欢看越剧，他喜欢看京剧，他喜欢看新闻。这个方面对不起来。另外，三个人的生活习惯不一样。有一个人抽烟，有味道。一个人有前列腺炎，小便都在床上，有味道。这个人老了没办法，小便失禁了，弄在裤子上，弄在床上，这个也是没办法的。

“嗯，有越老越不中用的自卑感。现在就是让我安度晚年了，在这边生活了，身体好点的话多活几年，身体不好么快点走。

“不要生病。不能生病。”①

家庭支持对福利院老年人的生活满意度和积极情感没有明显作用。老年人在聊天中,会提到子女经常来探望,但是并没有就子女的探望使用诸如“高兴”和“快乐”这样的词语。但是如果子女不能来探望会影响老年人的消极情感。

赵爷爷,90岁:“会孤独,子女不来看我的时候孤独,看到别人的子女也会感到孤独。”

我们还发现,受访的老年人的心态基本稳定,自我调节的能力非常好。自评幸福度很高的老年人通常满足于目前的生活,对生活没有进一步的要求。

王奶奶,85岁:“现在已经80多岁,对于未来没有更多的打算,只是希望自己每天都开开心心地过日子。”

于奶奶,90岁:“我现在就是过一天算一天,过完一天快乐一天。”

即使是自评幸福度一般的老年人,会偶尔产生无能为力的感觉,但是也努力地进行自我调节来适应目前的生活,努力让自己不计较生活中不满意的地方。

赵爷爷,90岁:“对的,就像我们看电视,他喜欢看足球,他喜欢看京剧,要忍让啊。我没有办法,只能自己想办法。不能计较。”

总　结

上海市第一社会福利院的设施非常好,日常对老年人的照料和护理很专业,饮食和娱乐活动的安排非常丰富,而且收费很低,均没有超过老年人的负担能力,受访的15位老年人都是自己或子女负担养老院的费用,没有申请国家或者社区的资助。老人们对福利院的硬件设施都非常满意,这也

① 虽然没有出现焦虑这样的书面语言,但是赵爷爷明显在焦虑自己不要生病。

是我们访谈的老年人自评幸福度较高的重要的客观环境。在访谈中,老年人提得最多的不满意的就是需要与别人合住,生活习惯和爱好的不同会导致生活中的不方便和摩擦。

以往的定量研究显示,经济状况是影响自评幸福度的重要因素(Pinquart & Sorensen,2000)。但是在我们的访谈中,只有一位老年人表示不敢生病,担心生病看不起(这位老年人的收入相比其他老年人要低很多)。其他 14 位老年人均对自己的经济状况表示满意,他们的退休金够用,在缴纳福利院的固定费用后,都足够看病、吃药、购物等,大都不需要子女的资助,而且很多老年人入住养老院后,将自己的住房转给了子女。他们都有子女,子女的经济情况也大都不错,不需要老年人操心,在老年人需要的时候都可以给老年人以资助。由于受访老年人在社会经济水平上的差异很小,所以我们的研究不能直接揭示经济状况对老年人自评幸福度的影响。但是在老人们的叙述中,他们都暗示了这样的事实:由于经济上的富足,他们不需要再担心经济方面,而能够安享晚年。

本研究中家庭支持对自评幸福度的影响和以往的定量研究的结论一致。家庭支持对老年人的生活满意度和积极情感没有显著影响。但是家庭支持的缺位或者不足会使老年人感到孤独(消极情感)(Drageset,2002,2004)。本研究中的老年人大都有不止一个子女,子女经常来探望老年人,有的甚至天天来看望老年人。因此在老年人的叙述中,他们对子女的探望采取比较平静的态度,没有使用“开心”和“高兴”这样的语言来表达自己对子女来探望自己的感受,而只是客观地叙述。但是子女不能常来探望会使老年人感到孤独。

本研究中的老年人的身体状况均不是很好,很多老年人的视力和听力有非常明显的退化,同时患有几种慢性病,有的甚至患过癌症,但是在老年人的叙述中,健康状况和他们的自评幸福度没有任何联系,没有老年人因为身体状况不好而感到幸福度很低。他们接受自己身体的功能退化,觉得这些很正常。这和定量分析中社区高龄老人的健康状况显著影响老年人的自评幸福度的结论有差异。这可能是由于福利院的老年人健康状况相对比较差,能够接受我们访谈的老年人的健康状况和认知能力在福利院中处于比较好的水平,在和健康状况非常差的老年人比较后,受访老年人认为自己的健康水平是可以接受的,因此健康水平不会困扰这些老年人,也不会影响他们的自评幸福度。

在福利院养老的老年人离开自己的房子和家人,会失去家庭归属感和个人的私密性,这些会影响老年人的自评幸福度(Hicks,2000)。在我们的研究中,这样的负向影响存在,但是不严重。受访老年人基本能接受与他人合住,努力调整自己来适应环境。甚至有的老年人指出,福利院的生活规律、活动丰富、有同龄人陪伴、有人照顾衣食住行,比在家独居要好得多。

总的来说,入住条件比较好的福利院的老年人的自评幸福度比较高。由于客观环境比较优越,影响老年人的自评幸福度的主要因素来自比较、自我接受度和自我调节能力(Baltes & Bates,1990;Diener et al,2006;George,2000;Smith & Gersdorf,2004;Windle & Woods,2004)。尽管老年人的健康状况不佳,但是老年人在比较了同住养老院的其他健康状况更差的老年人后,他们接受自己的健康水平。自评幸福度非常高的老年人在受访过程中基本不谈及不如意的地方,他们更多关注生活中快乐和高兴的方面。自评幸福度一般的老年人即使谈到生活中的一些不满意,也以比较平和的口吻来叙述,并且提及要接受和容忍,强调心态要好,努力自我调试来适应环境。我们的研究显示,高龄老人的自我调节能力是非常强的,并没有随身体功能的退化而下降,反而随着年龄的增长而增强,他们能够进行对自己有利的比较,对自己和生活状况的接受度很高,这也是老年人智慧的一个表现。

本研究所选取的上海市第一社会福利院是属于示范性的养老机构,客观环境优越,而且参加访谈的老年人不存在认知缺损、相对比较乐观、愿意和陌生人接触，因此这些老年人的自评幸福度都比较高。如果能够继续访谈一些设施及护理水平一般和较差的养老机构的老年人，来比较访谈结果，本研究的内容会更丰富一些。

参考文献

[1] Allen L R, Beattie R J. The Role of Leisure as an Indictor of Overall Satisfaction with Community Life[J]. Journal of Leisure Research, 1984, 16(2):99 -109.

[2] Andersson L. Loneliness research and interventions: A review of the literature[J]. Aging & mental health, 1998, 2(4):264 -274.

[3] Andrews F M, McKennell A C. Measures of self-reported well-being: Their affective, cognitive, and other components[J]. Social indicators research, 1980, 8(2):127 -155.

[4] Angeles L. Children and life satisfaction[J]. Journal of happiness Studies, 2010, 11(4):523 -538.

[5] Angrist J D, Evans W N. Children and Their Parents' Labor Supply: Evidence from Exogenous Variation in Family Size[J]. NBER Working Papers, 1996, 88(3):450 -477.

[6] Antonucci T C. Hierarchical mapping technique[J]. Generations, 1986, 10(4): 10 -12.

[7] Appollonio I, Carabellese C, Frattola A, et al. Dental status, quality of life, and mortality in an older community population: a multivariate approach[J]. Journal of the American Geriatrics Society, 1997, 45(11): 1315－1323.

[8] Argyle M, Crossland J. The dimensions of positive emotions[J]. British Journal of Social Psychology, 1987, 26(2):127－137.

[9] Baltes P B, Baltes M M. Psychological perspectives on successful aging: The model of selective optimization with compensation[J]. Successful aging: Perspectives from the behavioral sciences, 1990, 1(1):1－34.

[10] Barrick A L, Hutchinson R L, Deckers L H. Age effects on positive and negative emotions[J]. Journal of Social Behavior and Personality, 1989, 4(4):421.

[11] Birren J E, Lubben J E, Rowe J C, et al, editors. The concept and measurement of quality of life in the frail elderly[M]. Academic Press, 2014.

[12] Blau P M, Duncan O D. The American occupational structure[J]. American Journal of Sociology, 1967, 33(2): 296.

[13] Bondevik M, Skogstad A. The oldest old, ADL, social network, and loneliness[J]. Western Journal of Nursing Research, 1998, 20(3):325－343.

[14] Bonsang E. How do middle-aged children allocate time and money transfers to their older parents in Europe? [J]. Empirica, 2007, 34(2): 171－188.

[15] Booth H, Zhao Z. Age Reporting in the CLHLS: A Re-assessment [M]. Healthy Longevity in China. Springer Netherlands, 2008.

[16] Boss L, Kang D H, Branson S. Loneliness and Cognitive Function in the Older Adult: A Systematic Review[J]. International Psychogeriatric,

2015, 7(4): 541 -553.

[17] Bradburn N M. The structure of psychological well-being[J]. Social Service Review, 1969, 44(3).

[18] Brief A P, Butcher A H, George J M, et al. Integrating bottom-up and top-down theories of subjective well-being: the case of health[J]. Journal of personality and social psychology, 1993, 64(4):646.

[19] Brummett B H, Babyak M A, Barefoot J C. Positive emotion is associated with 6-year change in functional status in individuals aged 60 and older [J]. The Journal of Positive Psychology, 2011, 6(3):216 -223.

[20] Campbell A, Converse P E, Rodgers W L. The Quality of American Life: Perceptions, Evaluations, and Satisfactions[J]. Academy of Management Review, 1976, 2(4):694.

[21] Cantor M H. Neighbors and Friends: An Overlooked Resource in the Informal Support System[J]. Research on Aging, 1979, 1(4):434 -463.

[22] Caplan R D, Tripathi N R C. Coping and Defense: Constellations vs. Components[J]. Journal of Health and Social Behavior, 1984, 25(3):303 - 320.

[23] Chalise H N, Saito T, Takahashi M, et al. Relationship specialization amongst sources and receivers of social support and its correlations with loneliness and subjective well-being: A cross sectional study of Nepalese older adults[J]. Archives of Gerontology and Geriatrics, 2007, 44(3):299 -314.

[24] Charles S T, Reynolds C A, Gatz M. Age-related differences and change in positive and negative affect over 23 years [J]. Journal of Personality and Social Psychology, 2001, 80(1):136 -151.

[25] Chen F, Short S E. Household Context and Subjective Well-Being Among the Oldest Old in China[J]. Journal of Family Issues, 2008, 29(10):

1379 – 1403.

[26] Chen X, Silverstein M. Intergenerational Social Support and the Psychological Well-Being of Older Parents in China[J]. Research on Aging, 2000, 22(1):43 – 65.

[27] Chen Y, Hicks A , While A E. Loneliness and social support of older people in China: a systematic literature review[J]. Health & Social Care in the Community, 2014, 22(2):113 – 123.

[28] Chi, Iris. Living Arrangement Choices of the Elderly in Hong Kong [J]. Asia Pacific Journal of Social Work and Development, 1995, 5(1):33 – 46.

[29] Chi I, Chow N. Housing and family care for the elderly in Hong Kong[J]. Ageing International, 1997, 23(3 – 4):65 – 77.

[30] Chou, Chikee-Lee I. Social Support and Depression among Elderly Chinese People in Hong Kong[J]. The International Journal of Aging and Human Development, 2001, 52(3):231 – 252.

[31] Chou K L, Chi I. Comparison Between Elderly Chinese Living Alone and Those Living with Others[J]. Journal of Gerontological Social Work, 2000, 33(4):51 – 66.

[32] Chou K, Chi I. Reciprocal relationship between social support and depressive symptoms among Chinese elderly[J]. Aging & Mental Health, 2003, 7(3):224 – 231.

[33] Clark A E, Oswald A J. The curved relationship between subjective well-being and age, 2006.

[34] Cohen J. Statistical power analysis for the behavioral sciences[M]. Hillsdale, NJ: L. Lawrence Earlbaum Associates, 1988.

[35] Collins N. Happiness peaks in our eighties. The Telegraph[DB/

OL］: https://www. telegraph. co. uk/news/health/news/8409411/Happiness-peaks-in-our-eighties. html, 2011 28 Mar.

［36］Cortina J M. What is coefficient alpha? An examination of theory and application［J］. J Appl Psych, 1993, 78(1):98－104.

［37］Costa P T, Mccrae R R. Influence of extraversion and neuroticism on subjective well-being: Happy and unhappy people［J］. Journal of Personality and Social Psychology, 1980, 38(4):668－678.

［38］Costa P T, Mccrae R R, Zonderman A B. Environmental and dispositional Influences on well-being—Longitudinal follow-up of an American national sample［J］. British Journal of Psychology, 1987, 78(3):299－306.

［39］Cotter E W, Fouad N A. The Relationship Between Subjective Well-Being and Vocational Personality Type［J］. Journal of Career Assessment, 2011, 19(1):51－60.

［40］Datu J A D, King R B. Prioritizing positivity optimizes positive emotions and life satisfaction: A three-wave longitudinal study［J］. Personality and Individual Differences, 2016, 96:111－114.

［41］De Neve J W, Harling G. Offspring schooling associated with increased parental survival in rural KwaZulu-Natal, South Africa［J］. Social Science & Medicine, 2017, 176:149－157.

［42］De Neve J W, Kawachi I. Spillovers between siblings and from offspring to parents are understudied: A review and future directions for research［J］. Social Science & Medicine, 2017: 56－61.

［43］Dean A, Kolody B, Wood P, et al. The Influence of Living Alone on Depression in Elderly Persons［J］. Journal of Aging and Health, 1992, 4(1):3－18.

［44］Deeg D J H, Bath P A. Self-Rated Health, Gender, and Mortality in Older Persons: Introduction to a Special Section[J]. The Gerontologist, 2003, 43(3):369 – 371.

[45] Diener E. Subjective well-being[J]. Psychological Bulletin, 1984, 95(3):542 – 575.

[46] Diener E. Subjective well-being. The science of happiness and a proposal for a national index[J]. American Psychologist, 2000, 55(1):34.

[47] Diener E, Lucas R E, Scollon C N. Beyond the hedonic treadmill: Revising the adaptation theory of well-being[J]. American Psychologist, 2006, 61(4):305 – 314.

[48] Diener E, Suh M E. Subjective well-being and age: An international analysis[J]. Annual review of gerontology and geriatrics, 1997, 17(1): 304 – 324.

[49] Diener E, Suh M E, Lucas R E. , et al. Subjective Well-Being: Three Decades of Progress[J]. Social Science Electronic Publishing, 1999, 125(2):276 – 302.

[50] Drageset J. Loneliness at nursing homes: Does a network have any importance for loneliness among nursing home occupants[J]. Vård I Norden Nursing Science and Research in the Nordic Countries, 2002, 22(2): 9 – 14.

[51] Drageset J. The importance of activities of daily living and social contact for loneliness: a survey among residents in nursing homes[J]. Scandinavian Journal of Caring Sciences, 2004, 18(1):65 – 71.

[52] Dykstra P A, Jenny D J G. Gender and Marital-History Differences in Emotional and Social Loneliness among Dutch Older Adults[J]. Canadian Journal on Aging / La Revue canadienne du vieillissement, 2004, 23(02): 141 – 155.

[53] Ehrlich B S, Isaacowitz D M. Does subjective well-being increase

with age[J]. Perspectives in Psychology, 2002, 5: 20-26.

[54] Elder, Glen H. Age Differentiation and the Life Course[J]. Annual Review of Sociology, 1975, 1(1):165-190.

[55] Ferring D, Filipp S H. The structure of subjective well-being in the elderly: A test of different models by structural equation modeling[J]. European Journal of Psychological Assessment, 1995, 11, 32.

[56] Fries B E, Morris J N, Skarupski K A, et al. Accelerated Dysfunction Among the Very Oldest-Old in Nursing Homes[J]. The Journals of Gerontology Series A: Biological Sciences and Medical Sciences, 2000, 55(6): 336-341.

[57] Fujita F D. An investigation of the relatioship between extraversion, neuroticism, positive affect, and negative affect (Doctoral dissertation, University of Illinois at Urbana-Champaign)[D]// GEOFFREY C G. Leisure In Your Life: An Exploration. State College, 1991.

[58] George L K. The Happiness Syndrome: Methodological and Substantive Issues in the Study of Social-Psychological Well-being in Adulthood[J]. The Gerontologist, 1979, 19(2):210-216.

[59] George L K. Well-being and sense of self: What we know and what we need to know[J]. The evolution of the aging self, 2000: 1-35.

[60] George L K, Landerman R. Health and subjective well-being: A replicated secondary data analysis[J]. International Journal of Aging and Human Development, 1984, 19: 133-156.

[61] Gerstorf D, Ram N, Mayraz G, et al. Late-Life Decline in Well-Being Across Adulthood in Germany, the UK, and the US: Something is Seriously Wrong at the End of Life[J]. Social Science Electronic Publishing, 2010, 25(2):477.

[62] Go G, Tunstall J. Old and Alone. A Sociological Study of Old People[J]. Population, 1968, 23(5): 949.

[63] Goldstein H. Multilevel statistical models[M]. London: John wiley & Sons. Ltd, 2011.

[64] Gonzalez E. Health, education and family planning in the Philippines: governmental initiatives and household choice[J]. [Unpublished] 1991, 1990.

[65] Guttman D. Social indicators, Jewish identity and morale of the aged [D]. The Catholic University if Americal, 1974, Dissertation Abstracts Interantional, 35, 6236A. University Microfilms No. 75 - 5104, 1975.

[66] Gross J J, Carstensen L L, Pasupathi M, et al. Emotion and aging: Experience, expression, and control[J]. Psychology and Aging, 1997, 12 (4): 590 - 599.

[67] Hanushek, Eric A. The Trade-off between Child Quantity and Quality[J]. Journal of Political Economy, 1992, 100(1): 84 - 117.

[68] Hazer O, Boylu A A. The examination of the factors affecting the feeling of loneliness of the elderly[J]. Procedia-Social and Behavioral Sciences, 2010(9): 2083 - 2089.

[69] Hedeker D, Gibbons R D, Flay B R. Random-Effects Regression Models for Clustered Data With an Example from Smoking Prevention Research [J]. Journal of Consulting and Clinical Psychology, 1994, 62(4): 757 - 765.

[70] Heidrich S M, Ryff C D. Physical and mental health in later life: The self-system as mediator[J]. Psychology and Aging, 1993, 8(3): 327 - 338.

[71] Henley B, Davis M S. Satisfaction and Dissatisfaction: A Study of the Chronically-Ill Aged Patient[J]. Journal of Health and Social Behavior, 1967, 8(1): 65 - 75.

[72] Hicks T J. What Is Your Life Like Now: Loneliness and Elderly Individuals Residing in Nursing Homes[J]. Journal of Gerontological Nursing, 2000, 26(8):15.

[73] Hills P, Argyle M. Musical and religious experiences and their relationship to happiness. [J]. Personality & Individual Differences, 1998a, 25(1):91 - 102.

[74] Hills P, Argyle M. Positive moods derived from leisure and their relationship to happiness and personality[J]. Personality & Individual Differences, 1998, 25(3):523 - 535.

[75] Hoffman L W, Thornton A, Manis J D. The value of children to parents in the United States[J]. Journal of Population, 1978, 1(2):91 - 131.

[76] Hooker K, Siegler I C. Separating apples from oranges in health ratings: Perceived health includes psychological well-being[J]. Behavior Health & Aging, 1991, 2(2):81 - 92.

[77] Horley J, Lavery J J. Subjective well-being and age[J]. Social Indicators Research, 1995, 34(2):275 - 282.

[78] Idler E L, Benyamini Y. Self-Rated Health and Mortality: A Review of Twenty-Seven Community Studies[J]. Journal of Health and Social Behavior, 1997, 38(1):21.

[79] Isaacowitz D M, Smith J. Positive and Negative Affect in Very Old Age[J]. Journals of Gerontology, 2003, 58(3): 143 - 152.

[80] Jaremka L M, Fagundes C P, Glaser R, et al. Loneliness Predicts Pain, Depression, and Fatigue: Understanding the Role of Immune Dysregulation[J]. Psychoneuroendocrinology, 2013, 38:1310 - 1317.

[81] Jones D A, Victor C R, Vetter N J. The problem of loneliness in the elderly in the community: characteristics of those who are lonely and the factors

related to loneliness[J]. Journal of the Royal College of General Practitioners, 1985, 35(35):136 - 139.

[82] Jong-Gierveld D, Jenny. Developing and testing a model of loneliness [J]. Journal of Personality and Social Psychology, 1987, 53(1):119 - 128.

[83] Kahn R L. Successful aging and well-being: Self-rated compared with Rowe and Kahn[J]. The Gerontologist, 2002, 42(6): 725 - 726.

[84] Kahneman D. A Survey Method for Characterizing Daily Life Experience: The Day Reconstruction Method[J]. Science, 2004, 306(5702): 1776 - 1780.

[85] Kahneman D, Krueger A B, Schkade D, et al. Would You Be Happier If You Were Richer? A Focusing Illusion[J]. Science, 2006, 312 (5782):1908 - 1910.

[86] Kane R A, Kling K C, Bershadsky B, et al. Quality of Life Measures for Nursing Home Residents[J]. The Journals of Gerontology Series A: Biological Sciences and Medical Sciences, 2003, 58(3):240 - 248.

[87] Khaw K T. Epidemiological aspects of ageing[J]. Philos Trans R Soc Lond B Biol Sci, 1997, 352(1363):1829 - 1835.

[88] Kivett V R, Scott J P. Rural frail older women: Implications for policy and planning[J]. The Journal of Minority Aging, 1979, 4(5): 112 - 122.

[89] Kozma A, Stones M J. The Measurement of Happiness: Development of the Memorial University of Newfoundland Scale of Happiness (MUNSH)[J]. Journal of Gerontology, 1980, 35(6):906 - 912.

[90] Kunzmann U, Little T D,Smith J. Is age-related stability of subjective well-being a paradox? Cross-sectional and longitudinal evidence from the Berlin Aging Study[J]. Psychology and Aging, 2000, 15(3):511 - 526.

[91] Langford C P H, Bowsher J, Maloney J P, et al. Social support: a

conceptual analysis[J]. Journal of Advanced Nursing, 1997, 25(1):95 -100.

[92] Larson R. Thirty Years of Research on the Subjective Well-being of Older Americans[J]. Journal of Gerontology, 1978, 33(1):109 -125.

[93] Lawton M P. The Philadelphia Geriatric Center Morale Scale: A Revision[J]. Journal of Gerontology, 1975, 30(1):85 -89.

[94] Lawton M P. Investigating health and subjective well-being: Substantive challenges[J]. The International Journal of Aging and Human Development, 1984, 19(2): 157 -166.

[95] Lawton M P. A Multidimensional View of Quality of Life in Frail Elders[J]. Concept & Measurement of Quality of Life in the Frail Elderly, 1991:3 -27.

[96] Lee C. Adult Children's Education and Physiological Dysregulation Among Older Parents[J]. The Journals of Gerontology Series B Psychological Sciences and Social Sciences, 2017, 73(3).

[97] Lee D J, Markides K S. Activity and Mortality Among Aged Persons Over an Eight-Year Period[J]. Journal of Gerontology, 1990, 45(1): 39 -42.

[98] Lee Y. Adult children's educational attainment and the cognitive trajectories of older parents in South Korea[J]. Social Science & Medicine, 2018, 209:76 -85.

[99] Levy B R, Slade M D, Kasl S V. Longitudinal benefit of positive self-perceptions of aging on functional health[J]. J Gerontol B Psychol Sci Soc Sci, 2002, 57(5): 409 -417.

[100] Li H, Ji Y, Chen T. The Roles of Different Sources of Social Support on Emotional Well-Being among Chinese Elderly[J]. PLOS ONE, 2014, 9(3):1 -8.

[101] Lim L L, Kua E H. Living Alone, Loneliness, and Psychological Well-Being of Older Persons in Singapore[J]. Current Gerontology and Geriatrics Research, 2011, 2011:1 -9.

[102] Liu L J, Guo Q. Loneliness and health-related quality of life for the empty nest elderly in the rural area of a mountainous county in China[J]. Quality of Life Research, 2007, 16(8):1275 -1280.

[103] Liu L J, Guo Q. Life satisfaction in a sample of empty-nest elderly: a survey in the rural area of a mountainous county in China[J]. Quality of Life Research, 2008, 17(6):823 -830.

[104] Livingstone K M, Srivastava S. Up-regulating positive emotions in everyday life: Strategies, individual differences, and associations with positive emotion and well-being[J]. Journal of Research in Personality, 2012, 46(5): 504 -516.

[105] Lou V W Q, Ng J W. Chinese older adults' resilience to the loneliness of living alone: A qualitative study[J]. Aging & Mental Health, 2012, 16(8):1039 -1046.

[106] Lundberg S, Rose E. The Effects Of Sons And Daughters On Men'S Labor Supply And Wages [J]. The Review of Economics and Statistics, 2002, 84.

[107] Maddox G, Eisdorfer C. Some Correlates of Activity and Morale Among the Elderly[J]. Soc Force, 1962, 41(3):254 -260.

[108] Malatesta C Z, Kalnok M. Emotional Experience in Younger and Older Adults[J]. Journal of Gerontology, 1984, 39(3):301 -308.

[109] Markides K S, Boldt J S, Ray L A. Sources of Helping and Intergenerational Solidarity: A Three-generations Study of Mexican Americans [J]. Journal of Gerontology, 1986, 41(4):506 -511.

[110] Mincer J A. Schooling, Experience and Earnings [J]. NBER Books, 1974.

[111] Moss E, Willoughby B J. Associations between beliefs about marriage and life satisfaction: the moderating role of relationship status and gender [J]. Journal of Family Studies, 2016:1 – 17.

[112] Mroczek D K, Kolarz C M. The effect of age on positive and negative affect: A developmental perspective on happiness[J]. Journal of Personality & Social Psychology, 1998, 75(5):1333 – 1349.

[113] Mutharayappa R. Is son preference slowing down India's transition to low fertility? [J]. Natl Fam Health Surv Bull, 1997(4):1 – 4.

[114] Myers D G, Diener E. Who is happy? [J]. Psychological Science, 1995, 6(1):10 – 19.

[115] Nations U. World population prospects: The 2017 revision, 2017.

[116] Neugarten B L, Havighurst R J, Tobin S S. The Measurement of Life Satisfaction[J]. Journal of Gerontology, 1961, 16(2):134 – 143.

[117] Ng N, Hakimi M, Byass P, et al. Health and quality of life among older rural people in Purworejo District, Indonesia[J]. Global Health Action, 2010, 3, 2125.

[118] Ng K M, Lee T M, Chi I. Relationship between living arrangements and the psychological well-being of older people in Hong Kong[J]. Australasian Journal on Ageing, 2004, 23(4):167 – 171.

[119] Ngoo Y T, Tey N P, Tan E C. Determinants of Life Satisfaction in Asia[J]. Social Indicators Research, 2015, 124(1):141 – 156.

[120] Nunnally J C. Psychometric theory (Vol. 226) [M]. New York: McGraw-Hill, 1967.

[121] Okun M A, Stock W A, Haring M J, et al, Health and subjective

well-being: A meta-analysis[J]. The International journal of aging and human development, 1984, 19(2): 111 -132.

[122] Ostrom T M. The relationship between the affective, behavioral, and cognitive components of attitude[J]. Journal of Experimental Social Psychology, 1969, 5(1):12 -30.

[123] Pei X M, Pillai V K. Old age support in China: The role of the state and the family[J]. Int J Aging Hum Dev, 1999, 49(3):197 -212.

[124] Peplau L A. Perspective on loneliness. Loneliness: A Sourcebook of Current Theory, Research and Therapy, 1982.

[125] Pilkington P D, Windsor T D, Crisp D A. Volunteering and Subjective Well-Being in Midlife and Older Adults: The Role of Supportive Social Networks[J]. The Journals of Gerontology Series B: Psychological Sciences and Social Sciences, 2012, 67B (2):249 -260.

[126] Pinquart M. Influences of socioeconomic status, social network, and competence on subjective well-being in later life: A meta-analysis[J]. Psychology and Aging, 2000, 15(2):187 -224.

[127] Pinquart M. Gender Differences in Self-Concept and Psychological Well-Being in Old Age: A Meta-Analysis[J]. The Journals of Gerontology Series B: Psychological Sciences and Social Sciences, 2001, 56(4): 195 -213.

[128] Porter E. A Phenomenological Perspective on Older Widows' Satisfactions With Their Lives[J]. Research on Aging An International Bimonthly Journal, 2005, 27(1):80 -115.

[129] Raudenbush S W, Bryk A S. Hierarchical linear models: Applications and data analysis methods (Vol. 1) [M]. Sage, 2002.

[130] Reich J W, Zautra A J. Demands and desires in daily life: Some influences on well-being [J]. American Journal of Community Psychology,

1983, 11(1):41 -58.

[131] Reis, Hary T, Gable, et al. Event-sampling and other methods for studying everyday experience[M]. Handbook of Research Methods in Social and Personality Psychology, 2000.

[132] Riley M W, Foner A. Aging and Society, Volume 1: An Inventory of Research Findings[J]. American Journal of Sociology, 1968, 49:523.

[133] Rook K. Social support versus companionship-Effect on life stress, lonliness, and evaluations by others[J]. J Pers Soc Psychol, 1987, 52(6): 1132 -1147.

[134] Ross C E, Van W M. Education and the subjective quality of life [J]. J Health Soc Behav, 1997, 38(3):275 -297.

[135] Rotter, Julian B. Generalized expectancies for internal versus external control of reinforcement[J]. Psychol Monogr, 1966, 80(1):1 -28.

[136] Rowe J W, Kahn R L. Human Aging: Usual and Successful[J]. Science, 1987, 237(4811):143 -149.

[137] Rowe J W, Kahn R L. Successful aging[J]. Aging, 1997, 10(2): 142.

[138] Russell D, Peplau L A, Cutrona C E. The Revised UCLA Loneliness Scale: Concurrent and discriminate validity evidence[J]. Journal of Personality and Social Psychology, 1980, 39(39):472 -480.

[139] Ryff C D. Happiness is everything, or is it? Exporations on the meaning of psychological Well-being[J]. Journal of Personality & Social Psychology, 1989, 57(6):1069 -1081.

[140] Savikko N, Routasalo P, Tilvis R S, et al. Predictors and subjective causes of loneliness in an aged population[J]. Arch Gerontol Geriatr, 2005, 41(3):223 -233.

[141] Scocco P, Rapattoni M, Fantoni G. Nursing home institutionalization: a source of eustress or distress for the elderly? [J] International Journal of Geriatric Psychiatry: A journal of the psychiatry of late life and allied sciences, 2006, 21(3): 281 -287.

[142] Shenk D, Kuwahara K, Zablotsky D. Older women's attachments to their home and possessions [J]. Journal of Aging Studies, 2004, 18 (2): 157 -169.

[143] Shmotkin D. Subjective well-being as a function of age and gender: A multivariate look for differentiated trends [J]. Social Indicators Research, 1990, 23(3):201 -230.

[144] Singer J D, Willett J B. Applied longitudinal data analysis: Modeling change and event occurrence[M]. Oxford university press, 2003.

[145] Smith J. Well-being and health from age 70 to 100: findings from the Berlin Aging Study[J]. European Review, 2001, 9(4): 461 -477.

[146] Smith J, Baltes P B. Differential Psychological Ageing: Profiles of the Old and Very Old[J]. Ageing and Society, 1993, 13(04):551.

[147] Smith J, Baltes P B. Trends and profiles of psychological functioning in very old age. The Berlin aging study[J]. Aging from, 1999, 70:197 -226.

[148] Smith J, Gerstorf D. Ageing differently: potential and limits[J]. Ageing and diversity: Multiple pathways and cultural migrations, 2004:13 -28.

[149] Smith J, Borchelt M, Maier H, et al. Health and Well-Being in the Young Old and Oldest Old[J]. Journal of Social Issues, 2002, 58(4): 715 -732.

[150] Smith J, Gerstorf D, Qiang L. Psychological Resources for Well-Being Among Octogenarians, Nonagenarians, and Centenarians: Differential Effects of Age and Selective Mortality[M]. Healthy Longevity in China. 2008.

[151] Stacey C A, Gatz M. Cross-sectional Age Differences and Longitu-

dinal Change on the Bradburn Affect Balance Scale[J]. Journal of Gerontology, 1991, 46(2): 76 - 78.

[152] Staudinger U M, Fleeson W, Baltes P B. Predictors of subjective physical health and global well-being: Similarities and differences between the United States and Germany[J]. Journal of Personality and Social Psychology, 1999a, 76(2):305 - 319.

[153] Staudinger U M, Freund A M, Linden M, et al. Self, personality, and life regulation: Facets of psychological resilience in old age[J]. 1999b.

[154] Steptoe A, Wardle J, Marmot M. Positive affect and health-related neuroendocrine, cardiovascular, and inflammatory processes[J]. Proceedings of the National Academy of Sciences, 2005, 102(18):6508 - 6512.

[155] Stone A A, Shiffman S. Ecological momentary assessment (EMA) in behavorial medicine[J]. Annals of Behavioral Medicine, 1994, 16(3): 199 - 202.

[156] Sun X, Lucas H, Meng Q, et al. Associations between living arrangements and health-related quality of life of urban elderly people: a study from China[J]. Quality of Life Research, 2011, 20(3):359 - 369.

[157] Tait M, Padgett M Y, Baldwin T T. Job and life satisfaction: A reevaluation of the strength of the relationship and gender effects as a function of the date of the study[J]. Journal of Applied Psychology, 1989, 74(3): 502 - 507.

[158] Tunstall J. Old and alone: A sociological study of old people[M]. Routledge, 1966.

[159] Van Gaalen R I V, Dykstra P A, Flap H. Intergenerational contact beyond the dyad: the role of the sibling network[J]. European Journal of Ageing, 2008, 5(1):19 - 29.

[160] Vaux A, Meddin J. Positive and negative life change and positive and negative affect among the rural elderly[J]. Journal of Community Psychology, 1987, 15(4):447 -458.

[161] Victor C R, Scambler S J, Bowling A, et al. The prevalence of, and risk factors for, loneliness in later life: a survey of older people in Great Britain[J]. Ageing & Society, 2005, 25(3):357 -375.

[162] Watson J A, Kivett V R. Influences on the life satisfaction of older fathers[J]. The Family Coordinator, 1976, 25(4): 482 -488.

[163] Waston D, Pennebaker J W. Health complaints, stress, and disress: exploring the central role of negative affectivity[J]. Psychological Review, 1989, 96: 234 -254.

[164] Watten R G, Vassend O, Myhrer T, et al. Personality factors and somatic symptoms[J]. European Journal of Personality, 1997, 11(1):57 -68.

[165] Weiss R S. Loneliness: The experience of emotional and social isolation. 1973.

[166] Wenger G C, Dykstra P A, Melkas T, et al. Social Embeddedness and Late-Life Parenthood. Community Activity, Close Ties, and Support Networks[J]. Journal of Family Issues, 2007, 28(11):1419 -1456.

[167] Wilson W. Correlates of avowed happiness[J]. Psychological Bulletin, 1967, 67(4):294 -306.

[168] Windle G, Woods R T. Variations in subjective wellbeing: the mediating role of a psychological resource[J]. Ageing and Society, 2004, 24(4): 583 -602.

[169] Wood J V. What is Social Comparison and How Should We Study it? [J]. Personality and Social Psychology Bulletin, 1996, 22(5):520 -537.

[170] Yang Y. Is Old Age Depressing? Growth Trajectories and Cohort

Variations in Late-Life Depression[J]. Journal of Health and Social Behavior, 2007, 48(1):16 -32.

[171] Yang Y, Lee L C. Sex and race disparities in health: Cohort variations in life course patterns[J]. Social Forces, 2009, 87(4): 2093 -2124.

[172] Yeh S C J, Lo S K. Living Alone, Social Support, and Feeling Lonely among the Elderly[J]. Social Behavior & Personality An International Journal, 2004, 32(2):129 -138.

[173] You K S, Lee H O. The Physical, Mental, and Emotional Health of Older People Who Are Living Alone or With Relatives[J]. Archives of Psychiatric Nursing, 2006, 20(4):193 -201.

[174] Young J E. Loneliness, depression and cognitive therapy: Theory and application[J]. Loneliness: A sourcebook of current theory, research and therapy, 1982:379 -405.

[175] Zautra A, Hempel A. Subjective Well-Being and Physical Health: A Narrative Literature Review with Suggestions for Future Research[J]. The International Journal of Aging and Human Development, 1984, 19(2):91 -110.

[176] Zeng Y, Vaupel J W. Functional Capacity and Self-Evaluation of Health and Life of Oldest Old in China[J]. Journal of Social Issues, 2002, 58(4):733 -748.

[177] Zeng Y, Vaupel J W, Zhenyu X, et al, Sociodemographic and health profiles of the oldest old in China[J]. Population and Development Review, 2002, 28(2): 251 -273.

[178] Zimmer Z, Kwong J. Family size and support of older adults in urban and rural China: Current effects and future implications[J]. Demography, 2003, 40(1): 23 -44.

[179] 艾娟, 张敏. 老年人孤独、自杀态度以及依恋风格的关系研究

[J]. 中国健康心理学杂志, 2012, 20(6): 830 - 833.

[180] 曹坚, 吴振云, 辛晓亚. 不同生活背景老年人幸福感的比较研究[J]. 中国老年学杂志,2008(19):1940 - 1942.

[181] 陈志霞. 城市老年人的生活满意度及其影响因素研究——对武汉市568位老年人的调查分析[J]. 华中科技大学学报(社会科学版), 2001, 15(4):63 - 66.

[182] 慈勤英, 宁雯雯. 多子未必多福 ——基于子女数量与老年人养老状况的定量分析[J]. 湖北大学学报(哲学社会科学版), 2013, 40(4):69 - 74.

[183] 大渊宽, 森冈仁, 张真宁. 生育率经济学(一)——贝克尔的创见及其先驱者[J]. 人口与经济, 1988(2):16 - 18.

[184] 狄金华, 韦宏耀, 钟涨宝. 农村子女的家庭禀赋与赡养行为研究——基于CGSS2006数据资料的分析[J]. 南京农业大学学报(社会科学版), 2014(2): 35 - 43.

[185] 董洪超, 胡荣华. 代际关系对父母生活满意度影响的实证研究[J]. 统计与信息论坛, 2015(11): 108 - 112.

[186] 杜鹏, 曲嘉瑶. 中国老年人对子女孝顺评价的变化及影响因素[J]. 人口研究, 2013, 37(5):30 - 41.

[187] 杜屏, 李宝元. 中国高等教育的成本分担与机会均等[J]. 北京师范大学学报(社会科学版), 2007(1):11 - 16.

[188] 方纲, 风笑天. 城乡居民主观幸福差异及其影响因素研究——以成都市为例[J]. 人口与发展, 2009(6):74 - 81.

[189] 方黎明. 社会支持与农村老年人的主观幸福感[J]. 华中师范大学学报(人文社会科学版), 2016, 55(1):54 - 63.

[190] 费孝通. 家庭结构变动中的老年赡养问题——再论中国家庭结构的变动[J]. 北京大学学报(哲学社会科学版), 1983, 20(3):7 - 16.

［191］高红英，苗元江．影响老年人幸福感的因素探析［J］．江西社会科学，2008（11）：198－201.

［192］高亮，王莉华．健身老年人孤独感调查分析［J］．中国运动医学杂志，2016，35（1）：63－66.

［193］耿晓伟，王惠萍，张峰．主观幸福感测量研究［J］．心理学探新，2013（3）：266－270.

［194］郭志刚，刘鹏．中国老年人生活满意度及其需求满足方式的因素分析——来自核心家人构成的影响［J］．中国农业大学学报（社会科学版），2007，24（3）：71－80.

［195］郭志刚，张恺悌．对子女数在老年人家庭供养中作用的再检验［J］．人口研究，1996（2）：7－15.

［196］国家统计局．2010年第六次全国人口普查主要数据公报［DB/OL］：http://www.stats.gov.cn/tjsj/tjgb/rkpcgb/qgrkpcgb/201104/t20110428_30327.html，2011.

［197］贺寨平．社会经济地位，社会支持网与农村老年人身心状况［J］．中国社会科学，2002，（3）：135－148.

［198］胡湛，彭希哲．中国当代家庭户变动的趋势分析——基于人口普查数据的考察［J］．社会学研究，2014（3）：145－166.

［199］黄超．教育期望的城乡差异：家庭背景与学校环境的影响［J］．社会学评论，2017（5）：65－78.

［200］黄成礼，庞丽华．人口老龄化对医疗资源配置的影响分析［J］．人口与发展，2011，17（2）：33－39.

［201］黄嘉文．教育程度、收入水平与中国城市居民幸福感——一项基于CGSS2005的实证分析［J］．社会，2013，33（5）：181－203.

［202］霍曼，Nancy R，基亚克，等．社会老年学：多学科展望［M］．北京：社会科学文献出版社，1992.

［203］金岭．老年人生活满意度的影响因素及其比较分析［J］．人口与经济,2011(2)：85－91.

［204］黎熙元，陈福平．社区论辩:转型期中国城市社区的形态转变［J］．社会学研究，2008(2)：192－217.

［205］黎芝，周亮．老年期孤独感的流行病学研究（综述）［J］．中国心理卫生杂志，2012，26(9)：658－663.

［206］李爱梅，高结怡，彭元，等．积极情感和消极情感适应的不对称性及其机制探讨［J］．心理科学进展，2015，23(4)：632－642.

［207］李春玲．当代中国社会阶层的经济分化［J］．江苏社会科学，2002(4)：64－73.

［208］李春玲．流动人口地位获得的非制度途径——流动劳动力与非流动劳动力之比较［J］．社会学研究，2006(5)：85－106.

［209］李德明,陈天勇,吴振云．中国农村老年人的生活质量和主观幸福感［J］．中国老年学杂志,2007，27(12)：1193－1196.

［210］李德明,陈天勇,吴振云．中国老年人的生活满意度及其影响因素［J］．中国心理卫生杂志,2008，22(7)：543－546.

［211］李建新．老年人口生活质量与社会支持的关系研究［J］．人口研究，2007，31(3)：50－60.

［212］李强，Gerstorf D，Smith J．高龄老人的自评完好及其影响因素［J］．中国人口科学，2004(S1).

［213］李强．老年人的健康状况:未来城市必须承受之重［N/OL］．上海证券报，2015－12－11. http://www.sohu.com/a/47824928_115411.

［214］李添,陈翔展,尹述飞,等．婚姻状态对空巢老年人生活满意度和抑郁情绪的影响［J］．中国老年学杂志，2018，38(16).

［215］李婷，张闫龙．出生队列效应下老年人健康指标的生长曲线及其城乡差异［J］．人口研究，2014，38(2)：18－35.

［216］李银河．生育与村落文化［M］．呼和浩特：内蒙古大学出版社，2009.

［217］李永萍．北方农村高额彩礼的动力机制——基于“婚姻市场”的实践分析［J］．青年研究，2018（2）：24－34.

［218］刘保中，张月云，李建新．社会经济地位、文化观念与家庭教育期望［J］．青年研究，2014（6）：46－55.

［219］刘萃侠，肖健，耿晓峰．老年人主观幸福感测量结果的正向分布及其影响因素浅析［J］．中国老年学杂志，2003（4）：204－206.

［220］刘吉．我国老年人生活满意度及其影响因素研究——基于2011年“中国健康与养老追踪调查”（CHARLS）全国基线数据的分析［J］．老龄科学研究，2015（1）：69－78.

［221］刘仁刚，龚耀先．老年人主观幸福感及其影响因素的研究［J］．中国临床心理学杂志，2000，8（2）：73－78.

［222］卢慕雪，郭成．空巢老人心理健康的现状及研究述评［J］．心理科学进展，2013，21（2）：263－271.

［223］骆为祥，李建新．老年人生活满意度年龄差异研究［J］．人口研究，2011，35（6）：51－61.

［224］牛楠，王娜．转型期子女数量与人力资本积累对农村养老影响实证研究——以安徽和四川为例［J］．中国农业大学学报（社会科学版），2014，31（4）：64－73.

［225］潘露，曾慧，陈嘉．老年人孤独感对健康的影响及干预研究进展［J］．中国老年学杂志，2015，4：1143－1146.

［226］齐红倩，席旭文．中国城镇化为何背离缩小城乡差距目标？——基于中国经济不同发展阶段的差异性分析［J］．南京社会科学，2015（4）：7－14.

［227］瞿小敏．社会支持对老年人生活满意度的影响机制——基于躯

体健康、心理健康的中介效应分析[J]. 人口学刊,2016, 38(2): 49 -60.

[228] 沙勇, 劳昕. 劳动力异质、流动方向与城乡差距悖论[J]. 人口与经济, 2015(2):60 -67.

[229] 沈奕斐. 个体化与家庭结构关系的重构——以上海为例[D]. 复旦大学, 2010.

[230] 石超, 乔晓春. 中国人生活满意度的年龄—时期—队列效应分析[J]. 人口与发展, 2017(4): 41 -50.

[231] 石金群. 当代西方家庭代际关系研究的理论新转向[J]. 国外社会科学,2015(2): 74 -80.

[232] 石金群. 转型期家庭代际关系流变:机制、逻辑与张力[J]. 社会学研究, 2016(6): 191 -213.

[233] 石智雷. 计划生育政策对家庭发展能力的影响及其政策含义[J]. 公共管理学报, 2014(4):83 -94.

[234] 石智雷. 多子未必多福——生育决策、家庭养老与农村老年人生活质量[J]. 社会学研究, 2015(5):189 -215.

[235] 宋海燕. 我国主观幸福感的研究现状与趋势[J]. 社会心理科学, 2006(2):44 -48.

[236] 宋佳萌, 范会勇. 社会支持与主观幸福感关系的元分析[J]. 心理科学进展, 2013, 21(8):1357 -1370.

[237] 宋健, 戚晶晶. "啃老":事实还是偏见——基于中国4城市青年调查数据的实证分析[J]. 人口与发展, 2015, 17(5):57 -64.

[238] 孙鹃娟. 北京市老年人精神生活满意度和幸福感及其影响因素[J]. 中国老年学杂志,2008(3):308 -310.

[239] 孙玲, 吴敏玲, 陈冬梅. 住院老年人生活质量状况调查分析[J]. 中华现代护理杂志, 2006(6): 491 -493.

[240] 陶裕春, 李卫国. 休闲活动、健康自评对老年人主观幸福感的

影响研究[J]. 西华大学学报(哲学社会科学版),2017(6):77-85.

[241] 王芳,陈福国. 主观幸福感的影响因素[J]. 中华行为医学与脑科学杂志,2005(6):575-576.

[242] 王甫勤,时怡雯. 家庭背景、教育期望与大学教育获得:基于上海市调查数据的实证研究[J]. 社会,2014,34(1):175-195.

[243] 王健,王丽娜,孟庆跃. 主观幸福感测量方法及其影响因素研究[J]. 中国社会医学杂志,2008,25(4):199-201.

[244] 王威海,顾源. 中国城乡居民的中学教育分流与职业地位获得[J]. 社会学研究,2012(4):48-66.

[245] 王希华,周华发. 老年人生活质量、孤独感与主观幸福感现状及相互关系[J]. 中国老年学杂志,2010,30(5):676-677.

[246] 王一笑. 老年人生活满意度及其影响因素分析——基于2014年中国老年社会追踪调查数据[J]. 老龄科学研究,2017(8):57-67.

[247] 王莹,傅崇辉,李玉柱. 老年人的心理特征因素对生活满意度的影响[J]. 中国人口科学,2004(S1):77-82.

[248] 王跃生. 当代中国城乡家庭结构变动比较[J]. 社会,2006,26(3):118-136.

[249] 王跃生. 城乡养老中的家庭代际关系研究——以2010年七省区调查数据为基础[J]. 开放时代,2012(2):104-123.

[250] 韦艳,刘旭东,张艳平. 社会支持对农村老年女性孤独感的影响研究[J]. 人口学刊,2010(4):41-47.

[251] 吴捷. 老年人社会支持、孤独感与主观幸福感的关系[J]. 心理科学,2008,31(4):984-986.

[252] 吴愈晓. 劳动力市场分割、职业流动与城市劳动者经济地位获得的二元路径模式[J]. 中国社会科学,2011(1):119-137.

[253] 夏传玲,麻凤利. 子女数对家庭养老功能的影响[J]. 人口研

究, 1995(1):10 – 16.

[254] 肖巧玲, 王亚婷, 李瑾. 农村老年人社会支持与生活满意度的关系——中介及调节变量分析[J]. 中国心理卫生杂志, 2018(2):136 – 141.

[255] 肖水源.《社会支持评定量表》的理论基础与研究应用[J]. 临床精神医学杂志, 1994(2):98 – 100.

[256] 谢桂华. 老人的居住模式与子女的赡养行为[J]. 社会, 2009, 29(5):149 – 167.

[257] 辛自强, 池丽萍. 快乐感与社会支持的关系[J]. 心理学报, 2001, 33(5):59 – 64.

[258] 熊跃根. 我国城市居家老年人晚年生活满意程度研究——对一项调查结果的分析[J]. 人口与经济, 1999(4).

[259] 徐勤. 我国老年人口的正式与非正式社会支持[J]. 人口研究, 1995, 19(5): 23 – 27.

[260] 徐勤. 儿子与女儿对父母支持的比较研究[J]. 人口研究, 1996, 20(5): 23 – 31.

[261] 许琪. 扶上马再送一程:父母的帮助及其对子女赡养行为的影响[J]. 社会, 2017(2): 216 – 240.

[262] 宣朝庆, 韩庆龄. 城镇化进程中农村老年人的生活困境:婚房进城与压力传递[J]. 江海学刊, 2015(3):99 – 106.

[263] 闫志民, 李丹, 赵宇晗. 日益孤独的中国老年人:一项横断历史研究[J]. 心理科学进展, 2014, 22(7):1084 – 1091.

[264] 杨菊华, 李路路. 代际互动与家庭凝聚力——东亚国家和地区比较研究[J]. 社会学研究, 2009(3):26 – 53.

[265] 杨善华,贺常梅. 责任伦理与城市居民的家庭养老——以“北京市老年人需求调查”为例[J]. 北京大学学报(哲学社会科学版),2004,

41(1):71－84.

[266] 杨书章，王广州．一种独生子女数量间接估计方法[J]．中国人口科学，2007(4):58－64.

[267] 曾毅，顾大男．老年人生活质量研究的国际动态[J]．中国人口科学，2002(5):59－69.

[268] 张伟，胡仲明，李红娟．城市老年人主观幸福感的影响因素分析[J]．人口与发展，2014(6):71－75.

[269] 张文娟，李树茁．子女的代际支持行为对农村老年人生活满意度的影响研究[J]．人口研究，2005，29(5):73－80.

[270] 张文娟．中国老年人劳动收入的影响因素及其地区差异[J]．人口研究，2008，32(6):69－75.

[271] 张翼．当前中国社会各阶层的消费倾向——从生存性消费到发展性消费[J]．社会学研究，2016(4):74－97.

[272] 张友琴．城市化与农村老年人的家庭支持——厦门市个案的再研究[J]．社会学研究，2002(5):112－118.

[273] 张镇，张建新，孙建国．离退休人员社会参与度与主观幸福感、生活满意度的关系[J]．中国临床心理学杂志，2012(6):865－867.

[274] 赵细康．农村老年人生活质量主观评价分析[J]．人口与经济，1997(6):15－20.

[275] 赵新宇，范欣．教育影响幸福吗？——基于中国问卷调查数据的实证研究[J]．吉林大学社会科学学报，2014(1):68－76.

[276] 钟晓慧，何式凝．协商式亲密关系:独生子女父母对家庭关系和孝道的期待[J]．开放时代，2014(1):155－175.

[277] 周军燕．济宁地区农村老年人生存质量评价与对策探析[D]．山东大学，2012.

[278] 周美林，张玉枝．计划生育家庭特别扶助制度若干问题研究

[J]. 人口研究, 2011, 35(3):106 - 112.

[279] 周雪光. 芝加哥"热浪"的社会学启迪——《热浪:芝加哥灾难的社会解剖》读后感[J]. 社会学研究, 2006(4):214 - 224.